英語辞書を
フル活用する
7つの鉄則

Maximize
Your Use of
English
Dictionaries
with
Seven Core
Concepts

Maximize
Your Use of
English
Dictionaries
with
Seven Core
Concepts

磐崎弘貞 著
Iwasaki Hirosada

大修館書店

はじめに

　英語が苦手なA君は，He thought about his brother. という文に遭遇し，意味がわからないと言う。「thought を引いてごらん」というと，自分のバッグから電子辞書を取り出して引き始めた。しばらく画面をにらんだ後，「『考えること，思考』という意味です」と言う。筆者としては，thought がどういう動詞の過去形かを調べてもらうつもりであったが，彼の辞書引きには，品詞の区別はなかった。そこで，英語には動詞（動作を表し，過去形や進行形になる範疇）が必要なので，thought は動詞だと見当をつけることがまず第1，よって，同じ綴りで thought という名詞が確かにあるが，動詞ではないので，あくまで動詞を探すことが先決だと再度指示した。そこで，やっとthought は「think の過去形」との記述を発見し，少々照れくさそうに「ああ，なるほど！」とつぶやいたのだった。

　実は，A君はれっきとした大学生である。だが，これまで，辞書引きのスキルをほとんど学習してこなかったことがわかる。教師にとっても，学習者にとってもこれは不幸なことだ。

　本書は，英語辞書の活用法を説明したものである。辞書活用は語彙の習得に密接に関係しており，辞書検索が，語彙習得というマクロな世界を忠実に反映するミクロな世界だと考えている。ならば，辞書検索スキルを向上させることによって，語彙学習，ひいては英語学習全体を効率的に行えるようになるはずだ，という仮定に本書は基づいている。前述のA君のようなつまずきも，辞書引きスキルの向上で，是正することができるはずだ。

　おりしも，英語を使うのは，もはやイギリスやアメリカといった英語圏の人々との間だけではなくなっている。むしろ，多くの日本人にとっては，韓国人，中国人，タイ人，ロシア人といった国々の

人たちとの交流が大きくなっている。

　そこで，本書は目指したのは，英単語を発信にも受信にも使えるような語彙にすること，そのための方策として，コロケーションや，語彙不足を補うパラフレーズなどを重視し直すことである。

　英語は名人芸にしてはいけない。ぜひ，運転技術のように，慣れ親しんだ上で使いこなす（＝コミュニケーション）ためのツールとしていただきたい。英語辞書は，そんなアプローチを確実に，しかも安価にサポートしてくれる。印刷辞書を使っている人も，電子辞書を使っている人も，ぜひ，自分の検索スキルを向上させることで，英語をグローバルに使いこなすための新たな出発点としていただきたい。

　最後に，本書は，2ヶ国語週刊新聞 *Asahi Weekly* に2002年4月14日号から2009年2月22日号まで月1回連載された「辞書GAKU事始」というコラムが基になっている。ただし，取捨選択した上で，全ての原稿を大幅に書き直し，必要な情報は更新した。よって，同連載をお読みいただいた読書にとっても，ほぼ初見のように読み進んでいただけると思う。当時，同コラムの編集を担当いただいた和田明郎氏，そして今回，それをリライトする際に詳細なコメントをいただいた大修館書店の小林奈苗さんに心から感謝したい。また，連載コラムに対してコメントをいただいた読者の方々，そして私の授業を受講し，貴重なデータを提供してくれた学生諸君にもお礼を述べたい。

2011年5月

磐　崎　弘　貞

目次

はじめに　iii

第1章 [鉄則その1]
辞書のしくみを知れば情報のありかがわかる　3

1.1　辞書の進化を知る　5
1.2　「収録語数」の謎を探る　10
1.3　辞書用例は何を語るか　15
1.4　コロケーションと例文を活用する　20
1.5　英語辞書における「関連語」とは？　25
1.6　複合名詞に注目しよう　30

第2章 [鉄則その2]
辞書は文法思考で引こう　35

2.1　奥が深い句動詞　37
2.2　辞書における文型の扱い　43
2.3　辞書における品詞の落とし穴　48
2.4　他動詞／自動詞：この容易ならざるもの　53
2.5　動詞型の奥深さと面白さ　59
2.6　用例を最大限活用するノウハウ　65

第3章 [鉄則その3]

辞書を活かすのは検索スキル次第　73

3.1　なぜ求める表現が見つからないのか？　75
3.2　訳語がしっくりこない場合の対処法は？　80
3.3　初級英英辞典で始める英英スキマ引き　85
3.4　スキマ引きで「気づき」体験　93
3.5　なぜ定義中の知らない単語の意味がわかるのか？　99
3.6　印刷辞書と電子辞書の違いを知る　104
3.7　もっと「例文検索」「成句検索」を使いこなす　111
3.8　環境に応じて使い分けたい3種類の電子辞書　113
3.9　オンライン辞書の活用　118
3.10　DDWinでパソコン用辞書をもっと便利に使いこなす　125

第4章 [鉄則その4]

セルフチェックと発信スキルアップに活用せよ　131

4.1　辞書を片手に英作文を推敲する　133
4.2　論文・レポート執筆に辞書を活用する法　138
4.3　論文執筆に必要なコロケーションがない時は　143
4.4　英英辞典はパラフレーズ用辞書　148
4.5　インターネット検索でセルフチェックを　153

第5章 [鉄則その5]

辞書を活用した語彙学習のコツを押さえよ　157

5.1　辞書を活かす語彙学習方略　159

5.2　語彙学習にも「アハ体験」を利用　163

5.3　リスニングにこそ辞書を使おう　168

5.4　辞書を多読に生かす　173

5.5　辞書を片手に映画を「聞く」　177

5.6　誤訳に学ぶ辞書活用のポイント　182

5.7　スキル別の電子辞書検索と活用　187

5.8　英会話教室で辞書を活用する　192

5.9　「時事英語」における意図的な誤訳？　197

5.10　辞書を使った要約練習で発信力アップ　202

5.11　辞書を活用したプレゼン用パラフレーズ　207

5.12　辞書とセクシズム　211

第6章 [鉄則その6]

生きた英語に接して辞書をカスタマイズせよ　217

6.1　辞書情報を強化する英語メモの効用　219

6.2　単語帳作りを進化させる　224

6.3　辞書はどこまで「生(なま)」の英語に迫っているのか　230

6.4　海外旅行で辞書を活用し補足する　236

6.5　海外での英語メモ術　241

第7章[鉄則その7]

自分に合った辞書を見つけよう 249

7.1　辞書との相性判断　249
7.2　新書判・文庫判英英辞典の楽しみ　253
7.3　日本生まれの英英辞典がある　258
7.4　COBUILDはどういう辞書なのか　263
7.5　英語支配と辞書の将来　268
7.6　世界共通語としての英語を考える　272

本書で紹介した辞書　276

英語辞書をフル活用する7つの鉄則

第1章
[鉄則その1]

辞書のしくみを知れば情報のありかがわかる

1.1
辞書の進化を知る

　現代の英語辞書の信頼度は一昔前と比べてぐっと増している。その背景となる「コーパス」にも触れながら、新時代の辞書選びとその活用方法を考えてみたい。活用のキーワードは「コロケーション」で、これはつまるところ語と語の「かたまり」のことである。まずは、辞書選びと活用方法について、あらためて考える参考にしてほしい。

※「コーパス」が全てを変えた

　1980年代に英国バーミンガム大学とコリンズ社が、密かに産学共同の語彙研究を行っていた。それは英語の大規模デジタルデータ（＝コーパス）を構築し、それを利用した辞書を作るとともに、語法書や学習テキストまでも作成することを視野に入れたものだった。この手法は「コーパス準拠の辞書作り」と呼ばれるようになり、瞬く間に世界を席巻することになる。

　コーパスを利用することにより、以下のような利点が生じる。
(1) 辞書にどういう見出し語を収録し、何を削るべきかの基準が得られる。
(2) 見出し語についてどういう語義がよく使われ、どういう語義が使われなくなっているかを知ることができる。
(3) 従来からある語法説明は本当に正しいのか、あるいは従来気づいていなかった語法はないかについて、実証的なデータを得られる。
(4) 辞書執筆者が頭の中で作り出したものではない、より自然な用例が得られる。
(5) 外国語学習者にはわかりにくい、マルチワード表現と呼ばれる

句動詞・複合名詞・イディオムなど，数語のかたまりでできた表現がより細かく拾えるようになる。

　英国に端を発するコーパス準拠のこうした辞書作りは，当然ながら日本の英語辞書作りにも大きな影響を与え，主要辞書出版社は次々と独自のコーパスを構築するようになっている。

　よって，われわれユーザーもこうした辞書の利点を最大限に英語学習に生かしたいものである。ではその際のポイントを見ていこう。

✳ コロケーションと「イディオム原理」

　辞書活用の場面は，読む・聞くといった英語のインプットから，書く・話す（プレゼンする）といったアウトプットに至るまで幅広く存在する。しかし，「英和辞典＝インプット用」「和英辞典＝アウトプット用」と考えるのは早計で，現在出ている英和辞典ならば，特定の語さえわかればそれをキーワードにして各種表現を知ることができる。

　その中心となるのが「コロケーション」である。これは，語と語の慣用的・意味的なつながりのことである。たとえば「電話」ならば「電話に出る」「電話を切る」「電話中である」といった表現が全てコロケーションであり，こうした表現を知らないと「電話」という語を使いこなせないといえる。

　コーパスに基づく現代の辞書は，こうした基本コロケーションを実にたくさん掲載している。たとえば『ルミナス英和辞典』を見れば，「電話に出る」が answer / come to / get *the phone*，「受話器を置く，電話を切る」が put down *the phone* だとすぐわかる。電話を主語にして *The phone's* ringing.（電話が鳴っている），*The phone* has gone dead suddenly.（電話が突然切れた）のようなコロケーションも載っている。

　このように，新しい辞書では学習者が電話を使う状況を網羅するコロケーションが，コーパスから採られて収録されている。小さい携帯用辞書はもちろん，一昔前の「旧辞書」では，ほとんど用例が載っていないので，一度自身の辞書を確認してほしい。

また，英語特有のコロケーションや成句もコーパスから採取されている。たとえば，I heard every word loud and (　　). ときたら，空所に何が入るかわかるだろうか？　これはネイティブなら，ほぼ100％ピンと来る表現で，loud and clear（大きくはっきりと，明瞭に）（『ウィズダム英和辞典』）というコロケーションである。

　あるいは，Bake in the oven for 20 minutes until piping (　　). ならどうだろう？　これも「（ヒューヒューと音を立てるほど熱い→）熱々の」（『ジーニアス英和辞典』）を意味する piping hot という，よく使われるコロケーションである。

　もう1つ，My father told me in no uncertain (　　) that I shouldn't marry her. はどうだろう？『ユースプログレッシブ英和辞典』を見れば，in no uncertain terms が「（不明確ではない言葉遣いで→）ずけずけと，単刀直入に」だと教えてくれる。

　このように，英語を含めて言語の世界は，全く自由に表現しているようで，実は，たくさんの定型表現の組み合わせからなっていることがわかる。これを，「コーパスの父」と呼ばれる故ジョン・シンクレアは，言語の「イディオム原理」と呼んでいる。

　このように，英語でよく使われる表現のかたまりを意識することで，読解やリスニングにおいて，表現を予測しながら理解を進めることができるようになる。

※ 語法の実状を調べる

　言語は変化するものであるから，一昔前の文法書に記してある内容が実状に合わなくなることも多々ある。

　たとえば「coffee は不可算名詞につき，two cups of coffee とはいうが，two coffees とはいわない」などといわれていたのは一昔前の話。コーパスを見ると，I'll have *two coffees* to go.（持ち帰り用にコーヒー2つお願いします）といった表現が多数観察できる。よって，コーパス準拠の辞書では「略式では three cups of coffee より three coffees の方が普通」（『ユースプログレッシブ英和辞典』）といった説明が見られ

る（「略式」とはよりくだけた表現のこと）。

あるいは再帰代名詞と呼ばれる each other と one another の区別はどうだろう。以前は「each other は２人について，one another は３人以上に使う」といった説明がまかり通っていたことがあった。しかし，実際に各種コーパスを見ると，The students often help *each other* solve simple problems.（原文では students は１クラスの生徒全員）のように，３人以上でも問題なく each other を使う例が多数観察される。よって，こうしたデータに基づき「３者間の場合にはいずれも一般的に用いられる」（『オーレックス英和辞典』）といった，より新しい説明がなされている。

このように，コーパスに準拠した『ジーニアス英和辞典』『ウィズダム英和辞典』『オーレックス英和辞典』『ユースプログレッシブ英和辞典』などは，旧来の辞書に比べて英語の実状を反映した記述が満載である。古い辞書を持っている人は，一度，上記の点を確認して比較してみるといいだろう。

※ 電子辞書が検索方法を変えた

このように，コーパスは語義や語法といった辞書の記述に大きな恩恵をもたらした。しかし，辞書の検索方法そのものについて大変革をもたらしたのは，何といっても電子辞書だろう。各社が設定する英語学習モデルは，価格は３〜４万円前後と初期投資は高価ながら，英和・和英・英英辞典が入っているのはあたり前，その上に百科事典が入っている場合も多い。その上，こうした電子辞書は，辞書見出し語の全辞書一括検索はもちろん，用例・成句検索でも複数辞書を対象にできるなど，その検索能力は超強力である。

たとえば，前述の loud and clear ならば，用例／成句検索窓において「loud&clear」と & 入力することで，複数辞書でのヒットがある。その際，これがどの辞書の，どの見出し語に収録されているのか，といった気遣いは不要である。

in no uncertain terms も，印刷辞書ならば，uncertain で引こうか，

term(s) で引こうか迷うところであるが，電子辞書ならば「uncertain&terms」で一発である。ちなみに，*Oxford Advanced Learner's Dictionary* は，これを clearly and strongly と平易に言い換えている。

　このように，検索機能が超強力なのに加えて，英和辞典と英英／同義語辞典などを実に有機的に連携できるのが電子辞書の特徴である。一般に，記憶には，既存の情報との結びつけが重要なことがわかっている。これを英語学習にあてはめると，1つの表現の同義語／パラフレーズや反意語を知ることが重要であるということになる。よって，たとえば，in short が「要するに」だとわかったらそこで止まらず，それをジャンプ機能で英英辞典で調べてみよう。そうすると in a few words (*OALD*) という平易な言葉での言い換えを教えてくれる。

　その他，国語辞典や百科事典はもちろん，SDカードで第2外国語辞書を搭載できるものもあるから，店頭で見比べるといいだろう。

　以上見てきたように，コーパスに基づいた信頼できる情報を，信頼できる辞書で，そして，多様な検索方法で引いてみてほしい。きっと，新しい英語の姿が見えてくるはずだ。

1.2
「収録語数」の謎を探る

　辞書の帯には「収録項目／語数〇〇」という表記が書かれている。漠然と納得するこうした数字は，実際には何を指しているのだろうか？

※ いくつ単語がある？

　辞書サイズを表す「収録項目数」にしろ「収録語数」にしろ，基本は単語の数である。しかし，これが実は曲者なのだ。たとえば，次の文には，いくつ単語があるだろうか？

> People often procrastinate because they don't have a clear picture of what's important and don't know clearly where they are headed.（人はよく行動を先延ばしにする。何が重要なのかをよく理解しておらず，どこに進もうとしているのかがよくわかっていないからだ。）

　まず，単純に1つずつ数えていくと21個になる。これは，スペースで区切られたものを1つの単語とする最も普通のやり方で，「正書法による単語」の数え方といわれている。

　別の数字になった人は，don't と what's をそれぞれ2語と数えたのかもしれない。それぞれ do not, what is という2つの単語を短縮して表記したのであるから，これももっともである。そうすると24個に増える。

　逆に，二度現れる they と don't を一度だけ数えることもアリだろう。同じ単語は何度現れても1つと数えるわけである。そうすると19個になる。

　また，綴りは違うけれど，clearly は clear に副詞を作る接尾辞 -ly をつけただけだから，これを1つの語にすることも考えられる。そ

うすると，語数がまた1つ減ることになる。

　視点を変えて，意味を考慮することも可能である。たとえば，postpone と put off は「延期する」を意味するが，形の上では1語と2語である。だが，同じ意味であるから，put off を「1語」と考えることもできる。これを上例にあてはめると，have a clear picture of ～は understand（well）（よく理解する）ということであるから，5語ではなく，1語または2語と数えることもできる。

❋ 異なる数え方の専門的分類

　このように，単語の数え方にはいくつかの方法が存在する。あらためて実際に使われているものを概観すると次のようになる。

　まず，最も標準的な方法が最初に見たスペースに区切られたものを1単語と数える方法で，これはしばしば「正書法的な（orthographic）」単語と呼ばれる。この総語数を，専門用語では「延べ語数（tokens, running words）」と呼ぶ。上で見たように，重複などいろいろ問題もあるが，コンピュータ処理が最もしやすいのでよく使われる。

　2つ目は，同じ綴りの語は，何度現れても1つと数える方法である。この単語数を「異なり語数（types）」と呼ぶ。これもコンピュータ処理はしやすく，ある文章の使用全単語一覧表を作るといった場合によく使われる。異なり語数が延べ語数に対して割合が高くなると，それだけ豊富な語彙を使っていることになるから，特定作家の文体論の基礎統計になったりする。これをタイプ・トークン率と呼び，「異なり語数÷延べ語数」で計算される。この数値が高いほど，多様な語が用いられ，語彙が豊富だと解釈される。

　3つ目は，活用形は全て1つとするもので，「見出し語数」あるいは「レマ（lemmas）数」と呼ぶ。たとえば，think / thinks / thought / thinking は全て1つのレマ THINK とする。she / her / hers も1つのレマ SHE と考える。これを機械処理するには，どれとどれを1つのレマにするかの情報をインプットする必要がある。

4つ目は，活用形のみならず，派生形も全て1つにまとめる数え方である。これを「単語ファミリー(word families)」と呼ぶ。形容詞kindならば，kind / kinder / kindest / kindness / kindly 全てが1つの単語ファミリーである。courage（勇気）ならばcourage / courageous / courageously / courageousness が全て1つの単語ファミリーである。この方式も，レマ同様，そのままでは自動化はできないが，どの単語がどの単語ファミリーに属するかをインプットしておくことで，コンピュータを使った，より細かな語彙分析ができるようになる。

以上が主たる単語の数え方である。では，以下の場合は，どの方式で語数を指定しているか，わかるだろうか。

(1) 明日までにこのテーマで300語の英語レポートを提出しなさい。
(2) この本は1000語レベルでやさしく書かれている。
(3) これが大学入試に必須の3000語だ！
(4) この辞書は，1億語の英語データに基づいて編集された。

まず(1)の英作文については，Iやthe は何度使っても1語にしか数えない，なんてことはありえない。同じ単語を何度も繰り返すと，単調な文章にはなるかもしれないが，課題の総語数にはちゃんと含まれる。よって，これは，延べ語数方式の数え方である。

(2)の1000語レベルの本であるが，これは「段階別読本(graded readers)」によく見られる表記である。これは，総ページ数がどんなに短くても，どんなに長くても，1000語レベルで書くことができるから，延べ語数ではない。つまり，1000語レベルとは基本重要語に設定した1000レマを用いて書かれていることを表す。

(3)は入試用単語集によく表れる表記である。本によって異同があるが，多くの場合はレマ方式である。ただし，単語ファミリー方式を採っている場合もある。売る側からすると，「これだけ覚えれば大丈夫！」といいたい場合のように，覚える単語数を少なく見せたいならば，単語ファミリー数で表記した方が便利である。でも，その場合には，その本で受験生が実際に覚えなくてはいけない単語は，

レマ換算で2倍以上, 正書法的単語換算で5倍以上になることもある。

(4)の1億語の英語データというのは, 通常コーパスと呼ばれるものである。この場合の語数は, コーパスのサイズを表すもので, 延べ語数で表記される。なお, COBUILDやロングマン, オックスフォード大学出版といった主要辞書出版社のコーパスについては, 各単語に, 品詞やレマ／単語ファミリーの情報も入力されているのが通例である。よって, どのような時制であれbecomeの後に形容詞が来る例, 名詞が来る例, といった細かな検索が可能になっている。

※ 英語辞書の単語の数え方は？

では, 最初に戻って, 英語辞書の「総語数」はどの方式によっているのだろうか？ 実は, 辞書においては, 最近は「総語数」という表記は影を潜め, ほとんどが「総項目数」「収録項目数」としている。

その名称からもわかるように, この場合には, 見出し語以外の情報も数えている。辞書は, 買う側からすると「語数が多い方がいい」という思い込みがあるため, どうしても見出し語以上に多く数える方式を採っている。カウントする可能性があるのは, 以下のものである。

(1) 見出し語
(2) その項目に含まれる用例／コロケーション
(3) その項目に含まれる成句
(4) その項目に含まれる派生語

(2)の用例／コロケーションと(3)の成句の区別については, 似ているが, 大まかには次のように区別される。一般に, 各単語の意味の総和が全体の意味にほぼ等しい慣用的表現がコロケーションであり, 用例と呼ばれるものである。その点, 各単語の意味の総和が全体と全く異なる, あるいはかなり異なるものが成句といわれる。たとえば, drive a car (クルマを運転する) は, 各単語の意味の総和が全体と

等しいコロケーションである。それに対して, drive (someone) bananas は,「バナナ」とも「運転」とも無関係で「(人を) カッカさせる, 頭にこさせる」ということであるから, 成句である (これを狭義の「イディオム」と呼ぶことも多い)。

ただし, 両者の違いは段階的であり, 辞書によって扱いが異なる場合もある。たとえば,『ウィズダム英和辞典』は head の項目で use one's *head*（頭を使う）も have a *head* for figures（数字に強い）も, そして Two *heads* are better than one. (3人寄れば文殊の知恵) という諺も全て用例扱いで, 関連語義の後に収録している。辞書によっては, こうしたものを見出し語項目の一番最後にまとめ, 成句として扱っているものもある。

(4)の派生語については, 別見出しとせず, 当該見出し語に追い込みで追記される場合がある。さらに, その語形だけを示している場合と, 意味を加えたり, 場合によっては, 用例を記してあることもある。たとえば, courageous に追い込みで courageously を入れてある辞書は多いが, その意味「勇敢に」を入れてあるのは,『ユース・プログレッシブ英和辞典』などごく少数である。courageous 自体も courage の派生語であり, 重要語として独立見出しになっていることが多いが, courage 追加項目の一部になっている辞書もある。

こうした項目の中で, 多くの辞書が収録項目に入れて数えているのは, (2)の用例／コロケーション以外の項目, すなわち, 見出し語・成句・派生語である。辞書の「項目数」は, 通例これらを全て含んでいるわけである。さらに, 一部の辞書は用例を数えて項目数を増やしている場合もある。

ちなみに, アメリカ英語最大の辞書に *Webster's Third New International Dictionary* というのがあり, 公称収録項目数は45万である。ただし, この辞書を単語ファミリー(基本語, 活用形, 派生語をまとめて1つに数える)で数えると5万前後になるとする報告もある。

1.3 辞書用例は何を語るか

　英語の辞書というと，まずはその語義の重要性が頭に浮かぶ。しかし，それと同じぐらい重要なのが用例である。でも，なぜ用例は大切なのだろうか，そして「いい用例」とはどういうものだろうか。それをどう活用すればいいのだろうか。

❋ 辞書用例は何のためにある？

　英語の辞書には各見出し語に対してまず語義がある。辞書を引く際に，最も頻度が高いのは，この「意味を調べる」ということだろう。

　さらに，ほとんどの辞書には，多くの項目に「用例」「例文」といわれるものがついている。漠然と目にするこうした用例であるが，その機能は以下の3つである。

(1) コロケーションの提示：慣用的・意味的に他のどういう語と結びつくかを示す。
(2) 文法的型の提示：文法的にどういう品詞の語と結びつくかを示す；動詞型，名詞型，形容詞型などがこれにあたる。
(3) その他説明の例示：語法上の問題，地域差，性差別表現の問題などを説明したり，比較対照するのに用いる。

　(1)については，たとえば見出し語が名詞ならば，どういう動詞や形容詞などと結びつくかを教えてくれる。見出し語 taxi の場合を見てみよう。take a *taxi*（タクシーで行く），call a *taxi*（タクシーを呼ぶ），hail a *taxi*（タクシーを拾う）は「動詞 + 名詞」の用例である。*taxi* driver（タクシー運転手），*taxi* fare（タクシー料金）は「(形容詞的に用いられた) 名詞 + 名詞」の用例である（『ロングマン英和辞典』）。

辞書のしくみを知れば情報のありかがわかる　15

こうしたコロケーションは，統計的に使用頻度の高いものが抽出されている。よって，これらを概観しておくと，リーディングやリスニングで意味が取りやすいだけではなく，スピーキングやライティングといった英語の発信作業において，当該語を「使える語彙」に加えることができるようになる。

　(2)の文法的型については，たとえば動詞ならば，どういう文法的範疇（名詞，to不定詞，動名詞，前置詞など）が後続するのかという情報を提供するものである。以下はconvinceの用例である。

> I *convinced* him「of his mistake [that he was mistaken]. （彼に間違っていることを納得させた）　　　　　　　（『コアレックス英和辞典』）

（「はそれ以降が [　　] 内のthat節と置き換え可能であることを示している）

　これによって，動詞型 convince A of B および convince A that ～という型を具体的に提示しているわけである。

　こうした動詞型は，意味とも密接に関わっている。たとえば，動詞need は「～が必要である」という意味でよく用いられる。この場合の型は need A, need to do のようになる。

> We *need* the information for our presentation. （プレゼンテーション用にその情報が必要だ）/ You *need to think* about this more carefully. （君はこのことをもっと注意深く考える必要がある）
> 　　　　　　　　　　　　　　　　　　　　　　（『コアレックス英和辞典』）

　ところが，need doing のように動名詞が後続する型になると，ちょっと違う意味になる。

> My car *needs overhauling*. = My car needs to be overhauled. （私の車はオーバーホールが必要だ）　　　　　　　　（『コアレックス英和辞典』）

このような need doing の場合は,「～されることが必要だ」という意味になる。つまり, My car *needs overhauling*. において, my car は文の主語でもあり, 他動詞 overhaul の目的語でもあるという特殊な関係になる。

　こうした語義をその用例とともに見ておくと, 次のような込み入った英文も分解して理解しやすくなる。

Our new boss *needs convincing* of the new plan.

　need の後に ing 型が来ているので,「～されることが必要だ」ということで, convince の型 convince A of B（A に B のことを納得させる, 説得する）の目的語 A がこの文の主語にもなっている。すると, この文は「上司が説得する」のだろうか,「上司を説得する」のだろうか？ もちろん後者が正解で,「うちの新しいボスに, 新しい計画のことを納得してもらう必要がある」(←部下などが上司を納得させる) だとわかる。

　用例の機能の3番目については, さまざまな情報を, 日本語説明だけではなく文で例解するものである。たとえば,「carry away（興奮させる）は受動態でよく使われる」などと説明だけがあるより, Don't be carried away!（興奮するな）(『ジーニアス英和辞典』) のような例文を見た方が直感的によくわかる。

　また,「こう使える」という情報だけではなく,「こうはいえない」という非文情報も, 用例の方が役立つ。たとえば「when 節や過去を表す副詞は完了形と共に用いない」と説明されるだけではピンとこない。しかし, When「did you finish [× have you finished] it?（『コアレックス英和辞典』）と書いてくれると, なるほど, この場合は完了形ではなく過去形でいいのかと視覚的にわかりやすい。

※ 用例収録の要望点

　このように, 読者の便を図るために何重にも工夫されている用例であるが, まだまだ改善の余地はある。

まず第1は、用例が足りない場合も多い。紙面に制限のある印刷辞書の場合、ある部分に用例を増やせば他の部分を削るということになるから、これは実は簡単には解決できない。たとえば、用例に強い『ジーニアス英和辞典』でさえ、hypothesis（仮説）を見ても、「仮説を立てる（set up / form a *hypothesis*）」や「仮説を捨てる、棄却する（reject a *hypothesis*）」といった、見出し語に基本的なコロケーションが出ていない場合は多々ある。

2つ目として、類語の違いがはっきりわかるような用例も少ない場合が多い。たとえば、possible と probable がどちらも「起こりそうな」になっている辞書がある。別の辞書では、その公算の違いを詳しく説明している。『ジーニアス英和辞典』は、possible は「起こる公算が50%より小さい」、probable は「十中八九」と説明した上で、Success is *possible* but hardly *probable*. という、適切な用例を載せている。公算の違いを日本語で詳しく説明するより、こうした用例があると、その蓋然性の違いがはっきりするだろう。むしろ、他の辞書でも、これをもっと簡易化した、It's *possible* but not *probable*.（そいつは可能だが見込みは低い）のような用例を載せておいてくれると、蓋然性の違いが学習者にはわかりやすいだろう。

さらに、文法説明も、特に解釈がわかりにくい場合は、詳しい説明よりも、1つの用例が役立つことがある。たとえば、so A that ～（大変Aなので～）という構文がある。Mary was *so* excited *that* she could hardly sleep. ならば「メリーは興奮して眠れなかった」である。しかし、これに not をつけて、Mary was not *so* excited *that* she could hardly sleep. ならばどうだろう？　多くの学習者が「あまり興奮していないので、眠れなかった」と深く考えずに誤訳している。実は、後者は『ウィズダム英和辞典』の用例である。同辞書の意味説明は「〈否定文で；後ろから訳して〉…である［する］ほど［くらい］に…でない］」となっており、上例の訳は、「メリーは眠れないほど興奮しているわけではなかった」となっている。

この説明自体全く問題ないが、この例文を見ただけではこの意味

がストレートにとりにくいのは否めない。そこで、たとえば次のように、肯定表現と対照させた例文なら、かなりわかりやすくなるのではないだろうか。

　I was excited, but not *so* excited *that* I coudn't sleep.
　（興奮してはいたけれど、寝付けないほどではなかった）
　I am busy, but not *so* busy *that* I find no time to play with my kids.
　（忙しいけれど、子どもたちと遊んでやれないほどではない）

　こうした問題点については、もし、英文を読んだり文法書を見ていて「なるほど！」と思う例があれば、辞書の余白に転記しておくと以後役立つはずだ。

　このように、改善の余地はあるものの、用例は語義とともに辞書の要である。うまく活用して英語の理解を深めたい。

1.4
コロケーションと例文を活用する

　今や,学習辞典ならばどの辞書も用例の豊富さが売り物である。その傾向は大英和辞典にも浸透しつつある。こうした用例提示は,果たして本当に学習に「効果」があるのだろうか?

※ 用例の要(かなめ)はコロケーション

　用例提示の背景にあるのは「共起性」と呼ばれる概念である。たとえば,以下の単語の中で,どれが「異質」のものだろうか?

「預金」「定期」「振込み」「ATM」「工作」

　この場合,「工作」が異質のもので,後は,銀行や金融関係の語であることは比較的簡単にわかるはずだ。これは,私たちの頭の中で母語の語彙がグループ化され,どういうものが同一の文脈/状況で用いられるかがちゃんと整理されていることを示している。

　実際の辞書でも,こうしたグループ化された語彙は,「関連表現」といった名称で掲載されていることがある。たとえば,『ルミナス英和辞典』でhouseを引くと,イラストと共にgarage(ガレージ),chimney(煙突),roof(屋根),footpath(歩道)といった8つの語を学ぶことができる。これは,母語で整理されている語彙グループを,外国語にも適用して,まとめて覚えてもらおうという意図がある。

　ただし,辞書で共起性というと,通例,もっと密接な,隣接し合う語句同士のことを指す。これがいわゆる「用例」である。たとえば,「カーテン(curtain)」を考えると,「カーテンを引く,閉める(draw [pull, close] the curtain)」,「カーテンを開ける(open [draw back, pull back] the curtain)」といった,直結する動詞との結びつきがまず必要となる。あるいは,a lace curtain(レースのカーテン)のように,形

20　第1章[鉄則その1]

容詞等の修飾語との結びつきも共起性の1つである（用例は『ウィズダム英和辞典』より）。

　こうした動詞＋名詞，形容詞＋名詞といった結びつきはコロケーション（連結）と呼ばれ，用例の中核をなす。こうしたコロケーションを豊富に提示するのは，学習者に便利なだけではなく，完全文で提示するよりも紙面を節約できるという利点もある。よって，たとえば，『スーパー・アンカー英和辞典』で tooth を見ると，a false [an artificial] tooth（義歯，入れ歯）のような形容詞（相当語句）との結びつきが7例，brush one's teeth（歯を磨く），pick one's teeth（歯をほじくる）といった，動詞との結びつきが5例も収録されている。

　「歯 = tooth / teeth（複数）」のように，意味だけを覚えてもこの語の使いこなしには不十分であり，上記のようなコロケーションを合わせて知っていないといけないことを，こうした辞書は教えてくれるわけである。

※ 用例「文」は何を語る？

　では，コロケーションさえ提示すれば，完全な文による用例は「おまけ」なのだろうか？ いや，そんなことはない。まず，「動詞＋名詞」「形容詞＋名詞」といったコロケーション提示では，主語が特殊な場合に，それを提示できない。そんな場合は，完全文で示した方が理解しやすい。たとえば，gain（手に入れる）は，通例人が主語になるが，「〈時計が〉〈…時間・分・秒〉進む」といった意味にもなる（『ウィズダム英和辞典』）。でも，これだけでは，どのように使うのかがよくわからない。そこで，同辞書に掲載された，以下の用例と合わせて見れば一目瞭然である。My watch *gains* two seconds a week.（私の時計は1週間に2秒進む）

　あるいは，slip には「〈心・記憶〉から消え去る，忘れる」という意味があるが，これもその用例をよく見ておかないと，I などの人を主語にして，˟ I *slipped* his name.（彼の名前を忘れた）のような誤りを犯しやすい（˟は不適格な文）。この場合，実際には忘れるものが

主語になり，次のような用法になる。

> That *slipped* my attention.（そのことには気づかなかった）/ Her name has *slipped* my mind [memory]．（彼女の名前を忘れてしまった）
>
> 　　　　　　　　　　　　　　　　　　　　（『ジーニアス英和辞典』）

　次に，通例受身形で用いるものも，「通例受身形で用いる」などと注記されるより，完全文で示してくれた方がわかりやすい。

> We all *were astonished* at the results of the inquiry.（私たちはみな捜査の結果に驚いた）/ I *am* greatly *astonished* to hear that he is getting married.（彼が結婚すると聞いて非常に驚いている）
>
> 　　　　　　　　　　　　　　　　　　　　（『オーレックス英和辞典』）

　上記辞書では，「(受身形で)」という注記と共に，astonish（驚かす）という動詞が受身形でよく使われていることを，完全文の用例で示している。
　こうした語法に関することは，完全文で提示した方がわかりやすく，そのポイントに自然に接することができるよう，配慮されているわけである。

※ いい用例はどうやって集める？

　このように，紙面が許す限り辞書では用例を充実させる傾向にあるが，いったいどういうものが「いい用例」といえるのだろうか？ ポイントとなるのは，

(1) 頻度の高い表現である
(2) それだけで完結している
(3) 難解な語を含まず，意味がわかりやすい

ということになる。

(1)については，たとえば，information と結びついて「情報を得る」を意味する動詞が複数集まった場合，最も頻度の高いものを載せるというのが原則である。get / receive information などがよく使われる上位ならば，それをまず載せることになる。あるいは「1つの情報」という場合も，a piece of information の方が an item of information よりも頻度が高ければ，前者を先に載せる，紙面の制限によっては，前者だけを載せる，ということになる。

(2)と(3)については，たとえば，引用したい文が長く続いたり，難しい語を含む場合には，収録にあたってうまく編集してわかりやすくする，あるいは別の用例を載せるということである。たとえば，effective（効果がある）の用例が以下のようなものだったら，どうだろうか。

There is no doubt that quarantine was *effective* in Eyam, and there were no deaths outside the parish.
（イーム村では，村の閉鎖が有効であったのは疑いの余地がなく，この教区以外では，死者は出なかった）

このように，用例が長く，難解な語句が続出するのでは，用例を読む気が失せるのは間違いないだろう。

では，「いい用例」はどこから持ってくるのだろうか。現在主流となっているのは，現代英語（たとえば90年以降）のデータをデジタル化し，そこから用例を検索する方法である。これが「コーパス」を活用した辞書編纂である。

これと対極にあるのが，ネイティブが自分の頭の中だけで考えるというものだが，現在はこれだけで辞書を編集することはない。代わりに，ネイティブの直感を使ってコーパスデータを加工する，といった方法が採られる。

両者の中間は，辞書編集者が，読書等で目についた，有用な例文をメモしておき，それを活用するというものである。

コーパスに準拠した辞書同士でも，COBUILD 辞書のように，加

工を最小限にし，できるだけ原文を残すというポリシーを持つ編集部と，ネイティブの直感をより重視した辞書作りをするオックスフォード大学出版のような場合などでは，かなりの違いがある。

※ 用例訳にも思わぬしかけが

このように，英語を深く知るには，なくてはならないのが用例だが，最後に，英和辞典を使った用例活用のコツを，もう1つ述べておく。

それは，各語義の訳語だけではなく，用例がどのように訳されているかを英和辞典で観察してみることである。たとえば，credit には「功績，手柄，賞賛」という意味がある。そのコロケーションの1つに give credit があるが，何と訳せばいいだろう？「功績を与える」？「賞賛を与える」？ ここで『スーパー・アンカー英和辞典』を見ると，*Give credit* when it is due. の訳として「評価する時は評価してやりなさい；ほめるべき時はほめなさい」とある。つまり，give credit を「評価する」「ほめる」と訳してあり，なるほどと思わせる。

あるいは，『アドバンスト・フェイバリット英和辞典』では get (someone) nowhere の訳語に「何にもならない，役に立たない」とある。さらに，用例を見ると，This discussion will *get us nowhere.*（こんな話し合いをしてもむだだ）とあるから，「むだだ」というふうに解釈してもよさそうだとわかる。

実は，このように，各語義の訳語で示せない意味合いを，用例において示すということが，ほとんどの英和辞典で行われている。それらを比較することで，その語の意味領域をさらに深く知ることができる。ぜひ，観察してみていただきたい。

1.5
英語辞書における「関連語」とは？

英語辞書で特定の単語を引くと，さまざまな「関連語」が一緒に記載されていることがある。語彙知識の深さに関わるのが「関連語」であるが，これはいったい何なのか，その中身を見てみよう。

❋ 派生語と同義語／反意語

一口に「関連語」といっているが，実際に英語の辞書に記載される「関連語」を分類すると，以下のものがある。

(1) 派生語
(2) 同義語／反意語
(3) 上位語／下位語
(4) 全体語／部分語

まず，(1)の派生語は，最も馴染みあるものだろう。見出し語と共通した単語のパーツ（「形態素」と呼ぶ）を持つ，通常別品詞の単語がそれである。たとえば，『コアレックス英和辞典』で sluggish（怠惰な）を引くと，sluggishly（副詞「のろのろと」）と sluggishness（名詞「不活発」）が載っている。それぞれ接尾辞をつけることで，別品詞になっている。

ただし，この場合，形容詞から副詞を作る -ly や名詞を作る -ness は「生産的」接辞と呼ぶことがある。これは，たとえ新しい形容詞ができた場合でも，同じように -ly や -ness をつけることで，すぐに副詞化／名詞化できるからである。

その点，boyhood（少年時代）や neighborhood（近所）に見られる -hood は少し異なる。これは，名詞につけて「性質・状態」などを表す別名詞を作る接尾辞であるが，英語の歴史の，ある時期だけ

辞書のしくみを知れば情報のありかがわかる　25

に用いられたものである。よって，今後新語に使われる見込みはほとんどなく，「凍結した」接辞と呼ばれる。生産的な接辞は，非常に一般的なもので意味も推測もしやすいが，凍結した接辞はそうでないものもあるから，要注意である。その他の例では，unkind（不親切な）に見られる un- は「否定」を意味する生産的な接頭辞であるが，abnormal の ab- は，同じ「否定」の意味でも，凍結した接辞といえる。

　次に，(2)の同義語／反意語もよく知られたものだろう。前者は，見出し語と同じ品詞でほぼ同じ意味を示すもの，後者はほぼ反対の意味を表すものである。辞書では，［同］［反］，［=］［⇔］といった記号がよく使われる

　たとえば，strong（強い）に対する同義語は mighty / powerful であり，反意語には weak / fragile などがある。ただし注意点が２つある。まず，同義語同士でもコロケーションは異なることが多いという点である。たとえば「強い／濃いコーヒー」という意味で strong coffee とはいえるが，˟ mighty coffee / ˟ powerful coffee とはいえない。

　２つ目の留意点は，意味を複数持つ多義語の場合，語義によって，同義語／反意語が異なることが多々あるという点である。bright についていうと，「明るい」という語義の同義語は brilliant や luminous

	bright（明るい）	bright（頭がいい）
brilliant	同義語	同義語
luminous	同義語	−
dark	反意語	−
dim	反意語	反意語
clever	−	同義語
intelligent	−	同義語
stupid	−	反意語
dumb	−	反意語

であり，反意語は，dark や dim である。その点，bright が「頭がいい」の意味ならば，同義語は brilliant, clever, intelligent で，luminous は使えない。反意語は stupid, dumb, dim（特にイギリス英語）などであるが，dark は使えない。

　こうした点を反映して，学習英和辞典や同義語辞典では，語義ごとに同義語／反意語を載せているから，同項目を確認していただきたい。

✽ 上位語／下位語と全体語／部分語

　3番目の関連語は「上位語／下位語」である。ある単語に関して，より総称的・一般的な語を上位語（hypernym; superoridate word），より具体的な語を下位語（hyponym; subordinate word）と呼ぶ。

　たとえば，上位語 flower（花）に対する下位語には sunflower（ヒマワリ）や rose（バラ）などがある。同様に，上位語 stationery（文具）に対する下位語には，pen, pencil, eraser（消しゴム），ruler（定規）などがある。

　ここで見られるように，通常，より一般的な上位語の方がやさしい単語であることが多い。ただし，stationery のように，上位語の方がむしろ難しい場合もある。

　別の例を挙げると，『アンカーコズミカ英和辞典』の car の項目に，「『自動車』に対する総称的な英語は motor vehicle である」とある。これは下位語 car の上位語が motor vehicle であることを示しているわけである（なお véhicle /víːkl / の発音注意）。

　この上位語／下位語という関係が理解できると，単語数を増やすことができるだけではなく，発信力の強化にもなる。なぜなら，上位語と下位語は以下のような関係になっているからである。

　下位語＝上位語＋修飾語

つまり，特定の下位語を知らない，思い出せないという場合，上位語に修飾語句をつけることで，コミュニケーションできるということである。たとえば，「カバ（hippo）」という単語を知らない場合，そ

の上位語 animal を使って，次のようにいっておけば，とりあえず意図するメッセージを伝えられる。

a large animal with a big head and short legs which lives in a river

このように，言い換え（paraphrase）に役立つのが，上位語・下位語の関係である。うまく使いこなすことで，語彙不足を補えるわけである。

4つ目の全体語／部分語は，上位語／下位語と似ているが，同一ではない。これは，通常，ある物体と，それに含まれるパーツの関係を示す。たとえば，plant（植物）を考えると，その部位として leaf（葉），shoot（若枝），bud（芽），stem（茎），root（根），flower（花）などが想起できる。この場合，plant を全体語，残りを部分語という。

上位語／下位語ならば，A car（下位語）is *a kind of* motor vehicle（上位語）. といえるが，全体語／部分語の場合，A bud is *a kind of* plant. とは言えない。A bud（部分語）is *part of* plant（全体語）. という関係になる。これによって，両関係を区別することが可能だ。

こうした全体／部分関係は，一見馴染みが薄いように感じられるかもしれないが，そうではない。たとえば，英和辞典や英英辞典の中には，kitchen（台所）を引くと，台所の様子がイラストで示されていることがある。そこには，paper towels（キッチンペーパー），dish drainer（水切り台），dishwasher（皿洗い機），sink（流し），refrigerator（冷蔵庫），faucet（水道の蛇口；イギリス英語では tap）といったものが英語名と共に掲載されている。これも全体語とそこに含まれる，典型的な部分語を提示しているわけである。

辞書によっては，名称だけではなく，そうした部分語のコロケーションを示していることもある。たとえば，turn on / off the faucet（水道の水を出す／とめる）などがそうである。生活用語については，意外にコロケーション知識不足が見られるから，われわれ日本人には役立つはずだ。

※ 関連語から何を学ぶか

　普段から何気なく見ている関連語であるが、上記のように分類することができる。こうした関連語が辞書に載っていると、一見、覚えることが増えて負担になりそうに思えるかもしれない。しかし必ずしもそうではない。各種学習実験によると、頭の中では、単語や概念が意味ネットワークと呼ばれるグループ化されて記憶されていると考えられている。このネットワークを強化することで、単語間の関連が強まり、むしろ記憶の助けになることが多々ある。ちょうど、うまく整理されたキャビネットならば必要なものが取り出しやすいのと同様である。また、派生語のように、単語のパーツからその単語の意味推測の手助けになるような場合もある。

　このように、用例やコロケーションに加えて、辞書に記載された関連語に注目しておくことで、頭の中の意味ネットワークを整理しておくいい機会となる。ぜひ読者の皆さんも、辞書に記されたこの関連語は、4つの分類のどれに属するかということを考えながら、辞書情報を参照してみよう。

1.6
複合名詞に注目しよう

　2語以上からなる複合名詞には，世の中の動きを反映した，活気ある表現や新語がたくさんある。これを辞書がどのようにとらえているかを見ていこう。

※ 複合名詞とは
　英語において，2つ以上の単語からなり，まとまった意味を持つ名詞を「複合名詞」と呼ぶ。baby-sitter（子守り）や pencil sharpener（鉛筆削り）などがその例である。形容詞についても，level-headed（冷静な），trigger-happy（発砲好きな，好戦的な）のように，2語以上からなる「複合形容詞」がある。

　表記の点では，こうした複合名詞は，各語の間にハイフンやスペースを入れることが多いが，そのままつなげて1語にすることもある。greenhouse（温室）がその一例である。green house とすると，単に「緑色の家」になってしまう（発音上は，greenhouse は green の方を強く読み，green house では house の方を強く発音する）。ただし，jet lag（時差ぼけ）については，3つの表記が可能で，jetlag, jet lag, jet-lag のいずれも OK である。

　こうした複合名詞は，単に複数語がつながったように見えるが，そのつながり方は一様ではない。たとえば，以下は，目的語＋他動詞の関係になっている。

insect watching（昆虫観察）← watch insects
English teaching（英語教育）← teach English

その点，次例では用途を表している。

dining car（食堂車）← car for dining
ballpark（野球場）　← park for（base）ball

　構造的には，前置詞や副詞と組み合わさって複合名詞になっているものもある。

part of speech（品詞）／ stand-by（味方）／ lookers-on（見物人）

　さらに，意味解釈の容易さから見ると，個々の単語の意味を足すと全体の意味に等しくなっているものと，そうでないものがある。前者は「透明な表現」，後者は「不透明な表現」と呼ばれるが，この区別は二極的というよりは，段階的なものである。
　たとえば，night owl（夜更かしをする人）は「夜」と「フクロウ」を足しても，その意味にはならないから，不透明な表現である。greenhouse（温室）も同様である。その点，night game（ナイター）は「夜」と「試合」の足し算でその意味が推測できるから，透明な表現である。nightdress（パジャマ）はその中間で，かなり透明な表現といえるだろう。

※ 辞書に載っている複合名詞

　では，こうした複合名詞を辞書はどのように扱っているのだろうか。まず，データ処理の観点からいうと，辞書の見出し語候補になりやすい複合名詞は，空白なしで1つの単語になっていたり，ハイフンがついているものである。これらの場合，2つ以上の単語が組み合わさって複合名詞化したのが，一目瞭然である。
　問題は，空白が入っている複合名詞である。そのままでは単に単語が隣り合わせたものなのか，1つのまとまった意味になる複合名詞なのかの判断はつきにくい。同時に，実に多くの複合語が生まれては消えていくという問題もある。どの複合語を載せ，どれを載せないかの判断が問われる。そこで，複合名詞かどうかの判断には，大規模コーパス（＝言語データ）を観察して，頻度が高く，意味のまとまりがあり，かつ，ある程度存続しそうなものを選ぶ編集者の力

量が必要となる。

　たとえば，英字新聞などでも，毎号多数の複合名詞を見つけることができるが，その多くは，すでに少し大きめの辞書ならば，ちゃんと掲載されている。

　voting rights（投票権）
　life expectancy（平均寿命）
　global warming（地球温暖化）
　sudden infant death syndrome（乳児突然死症候群）
　probation officer（保護監察官）
　white knight（(会社が乗っ取られないように出資する) 救済会社）
　economic sanction（経済制裁）
　hostile takeover（敵対的買収）

　以上はかなり時事的な語彙もあるように見えるが，すでに辞書に載っている表現の例である。

※ 辞書に載っていない複合名詞

　もちろん，その他の日常表現や専門分野まで目を移すと，まだまだ載っていないものも多数見つかる。たとえば，以下のような複合名詞は，日常的だが，ほとんどの辞書には載っていない。

　pound key（(パソコンや電話の) #キー）
　bulk trash（粗大ゴミ）
　custom clearance（税関手続き）
　active voice（能動態）
　piggyback ride（おんぶ）
　debt forgiveness（債権放棄）
　futures trading（先物取引）

　載っていない理由はさまざまである。新語が生まれるスピードが速いために編集が追いつかない場合もあるし，一時的であり，すぐ

消えていくと判断されている場合もある。専門的過ぎて，一般辞書には馴染まず，専門用語辞典に任せた方がいいと考えることもある。また，日常表現など，実際に生活体験がないと，書籍やコーパスだけでは得がたいものもある。もちろん，掲載候補が多数あっても，書籍というスペース制限があるため載せられないというのも大きな理由だ。

　ただし，この制限をほとんど受けない辞書がある。それが，デジタルのみで書籍版を持たず，ほぼサイズ制限がないといえる英語辞書『英辞郎』である。web版（www.alc.co.jp）とCD-ROM版（アルク社）があるが，上記のような複合名詞も広く載せているのはさすがといえる。

　このように，他の通常辞書で見つからない複合名詞があれば，パソコン／インターネット上で『英辞郎』を調べてみるといいだろう。

※ 複合名詞を意識してチェックしよう

　とは言え，現状では，多くの辞書がコーパスに準拠して複合名詞収録に熱心である。また，携帯サイズの電子辞書が手元にあれば，そこには大辞典（英和や英英）が2，3冊入っていることが多いので，多くの複合名詞は見つかるはずである。むしろ，適確に検索する術を知っておくといいだろう。

　最近の電子辞書ならば例文検索・成句検索をサポートしているから，たとえばlife expectancyを引く場合には，lifeとexpectancyのどちらの見出し語に収録されているかといったことに悩む必要はない。複数辞書の見出し語検索で，「lifeexpectancy」と1語で入力すると，2語からなるlife expectancyが載っているかどうかも確認できる。もし，載っていない場合は，「用例／成句検索」にて「＆検索」を用い，「life&expectancy」と検索窓に入力すれば，両者が収録されている用例／成句に飛べる。見出し語検索と用例／成句検索のいずれでもヒットしないならば，ほぼ確実にその辞書には載っていないことがわかる。

印刷辞書ならば，常に3つの可能性を調べよう。life expectancy ならば，見出し語 life または expectancy に例文・成句として収録されていないか，そして life expectancy 全体が独立した見出し語になっていないかという3点である。

　なお，上で述べたように，複合名詞については，意味が推測できない不透明なものだけではなく，意味推測が容易な透明な表現も多数ある。そうしたものは，辞書に載せることも，留意する必要もないと思われるかもしれないが，そんなことはない。この2つの語が慣用的につながるのだということを意識することによって，事象の概念化・語彙化をすることになり，語彙増強の上でも，読解力向上にも有益である。

　よって，意味は容易にわかって，ああ，こういえばいいんだな，とピンとくる表現があれば，とりあえず，下線を引いたりマーカーで色をつけることを勧めたい。たとえば次の掲示文を見てみよう。

　If you wish to dispose of bulk trash, bring your waste directly to a waste disposal facility.

　ここで，辞書を引かなくても bulk trash は「粗大ゴミ」なんだろうなと思ったら，それに線を引いておこう。ついでに，動詞とのつながりも合わせて dispose of bulk trash（粗大ゴミを捨てる）全体をマークしておくといいだろう。a waste disposal facility が「ゴミ処理場」だと推測できたり，辞書からわかれば，これも有用だからマークしておこう。こうした作業で，語彙への意識を高めることができる。

第2章
[鉄則その2]
❖
辞書は文法思考で
引こう

2.1
奥が深い句動詞

　look at ～（～を見る）や watch out（気をつける）のような，2語以上からなる動詞表現は，英語表現に活力を与えている。しかし，学習するにあたって，意外に見落とされていることも多いのが現状である。何に注意し，何を知っていると便利なのかを見ていこう。

❊ 句動詞と目的語

　動詞と in / on / off などの短い語が結びついた表現を「句動詞」や「群動詞」と呼ぶことがある。広義の「イディオム」や「成句」と呼ばれることもある。その中には put off ～（～を延期する）のように，目的語（＝名詞）を取ることができるものがある。こうした場合，語順について，少しだけ注意しておくと便利である。たとえば，次の2つはいずれの語順も可能である。

We *put off* the meeting until Friday.
We *put* the meeting *off* until Friday.
（金曜まで会議を延期した）

つまり，put off A とも put A off ともいえるということである。そんなことならとっくに知っていた，という読者も，少し待ってほしい。同じ句動詞でも fall off（～から落ちる）の場合は，fall off A のみ可能で，fall A off とはならない。その違いは何なのか，わかるだろうか？（「˟」は不適格な文）

The girl *fell off* a bike. / ˟ The girl *fell* a bike *off*.
（その女の子は自転車から落ちた）

　この理由は，品詞に注意すると理解がしやすくなる。実は句動詞

辞書は文法思考で引こう　37

において，動詞に後続する in, on, off などはいずれも前置詞としても副詞としても使える単語で，「小辞（particles）」と呼ばれたりする。たとえば，on については，次例のように，後ろに名詞が続く前置詞の用法（名詞の「前」に「置かれる」からこう呼ばれる）と，名詞が続かない副詞の用法がある。

> There're two tickets *on* the desk.
> （「机の上にチケットが2枚ある」→ on は前置詞）
> The TV is still *on*.（「TV はまだついてるよ」→ on は副詞）

こうした場合，小辞が前置詞の場合は，必ず名詞がその後ろに来なくてはならない。fall off の例では，off は前置詞なので，目的語名詞は必ず off の後ろに来るわけである。名詞を支えるのは，fall ではなくて off だといってもいいだろう。

もう1つ知っておく必要があるのは，句動詞で使われる動詞である。動詞自体も，直接後ろに名詞を取ることができる他動詞と，それができない自動詞がある。よって，この組み合わせで，以下のような「目的語スロット」の位置が存在する（□は目的語が入る位置を示す）。

(1) 他動詞＋副詞＋□／他動詞＋□＋副詞
　例：We *put aside* our differences. / We *put* our differences *aside*.
　　（私たちは意見の違いを度外視した）
(2) 他動詞＋□＋前置詞＋□
　例：They *put* the cost *at* 10 million yen.
　　（彼らは費用を1000万円と見積もった）
(3) 自動詞＋副詞（目的語スロットなし）
　例：The flight *took off* about 11：15.
　　（その便は11時15分頃離陸した）
(4) 自動詞＋前置詞＋□
　例：She *comes from* Birmingham.（彼女はバーミンガム出身だ）

すると,冒頭で見た put off は(1)の構造, fall off は(4)の構造を持っていたとわかる。
　このように,句動詞は,それぞれがどの構造を持っているかがあらかじめ決まっているので,それに応じた使い方をする必要がある。それを教えてくれるのが辞書なのだ。

✳ 辞書の表記

　ただし,句動詞の構造表記は,辞書によって若干の違いがある。たとえば,『ジーニアス英和辞典』は,(1)の「他動詞＋副詞＋□／他動詞＋□＋副詞」構造を持つ句動詞は［他］と表記し,(3)の「自動詞＋副詞」構造(スロットなし)は［自］,(4)の「自動詞＋前置詞＋□」構造は［自＋］と表記して区別している。よって,語義によって2つの構造を持つ get by は,以下のように示されている。

---

　get by ［自］通る　Could I *get by*, please?（通してくれませんか）
［自＋］（物など）のそばを通り過ぎる　The ball *got by* him.（ボールは彼の横を通り過ぎた；この用例は筆者の補足）

　つまり,［自］構造を持つ get by は名詞を取らず,［自＋］構造を持つ get by は get by A のように,前置詞 by の後ろだけに名詞（＝目的語）を取る。
　この点,たとえば『ユースプログレッシブ英和辞典』は次のような表記法である。

---

get back　戻る
get A down / get down A　（物・人）を降ろす
get on A　A　（乗り物）に乗る

　このように,目的語の入る位置を「A」や「B」という文字で明示している。つまり,「他動詞＋副詞＋□／他動詞＋□＋副詞」構造は

語順が変わるので，それに合わせて get down A / get A down という，二重の語順表記を用いて交替形を示しているわけである。

現在，視覚的な効果とともに，覚える際の口調のよさから，こうした『ユースプログレッシブ』のような方式が主流となりつつある。ジーニアス系も弟／妹分の『プラクティカルジーニアス英和辞典』では，『ユース』とほぼ同じ方式を採用している。

❋ 小辞が２つ以上の場合も

こうしたことがわかれば，小辞が２つ以上になった場合も，並行的に考えられる。たとえば get back at（仕返しする）と put in for（参加登録する）と目的語の語順を，その構造から確認してみたい。辞書では以下のように記されている。

---
get back at A　　A（人）に仕返しする
put A in for B　　B（競技・賞など）にA（人）を参加登録する
（『ウィズダム英和辞典』）

ここから，get back at は「自動詞＋副詞＋前置詞＋□」という構造を持ち，I got back at *him*.（彼に仕返しした）のようにいえる（そしてその語順しかありえない）ことがわかる。その点，put in for は「他動詞＋□＋副詞＋前置詞＋□」という２スロットの構造を持つ。よって，２つの目的語を取って They put *me* in for *the event*.（その催し物に私を登録してくれた）のように使えるわけである。

句動詞を覚える際には，ぜひ，こうしたAやBを抜かさずに口ずさんで覚えるといいであろう。

❋ スロットを確認する練習問題

では練習問題をやってみよう。（　）内の句動詞と目的語を適切に結びつけて以下の文を表現しよう。その際，辞書記述を観察する方法をしっかり確認してほしい。

Q1. 彼女は時差ぼけ (jet lag) をやっと治した。(get over)
Q2. 私たちはテントをそこに張った。(put up, a tent)
Q3. そいつを片づけてしまおう。(get over with)

ではまず，Q1について，実は get over 自体は「自＋副」「他＋副＋□／他＋□＋副」「自＋前＋□」のいずれの構造も取り得る。一部省略して辞書を引用するので，確認してほしい。

---

get over［自］(1) 向こう側へ行く［渡る］(2)（考えなどを）〔相手に〕わからせる
［他］(1) 〈人・物〉を向こう側へ渡らせる (2) 〈面倒なことなど〉を済ませてしまう ∥ Let's *get* it *over* (with). それを片づけてしまおう．
［自＋］[get over O] (1) 〈へいなど〉を乗り越える ∥ get over the wall 壁を乗り越える．(2) 〈障害物・困難・不幸など〉を克服する (overcome) ∥ She *got over* her difficulties. 彼女は困難に打ち勝った．(3) 〈ショック・不幸など〉から立ち直る；〈病気・破局など〉から回復する (recover from) ∥ I cannot *get over* the shock. 私はそのショックから立ち直れない / get over a cold 風邪が治る．

(『ジーニアス英和辞典』)

このように構造は3つあるが，どの構造になるかは語義ごとに決まっている。「治す，回復する」の意味では(3)の「自＋」，つまり「自＋前＋□」構造になる。よって，正答は She finally got over jet lag. のみである。前置詞の目的語なので jet lag が it になっても ... got over it となり，... got it over にはならない。

Q2の put up については，「テントを張る」という意味では「他＋副＋□／他＋□＋副」構造である。

辞書は文法思考で引こう　41

> **put up** ［自］（人の家に）泊まる ‖ *put up* at a hotel ホテルに泊まる.（…）
> ［他］〈家などを〉建てる *put up* a tent テントを張る（…）
>
> 　　　　　　　　　　　　　　　　　　　（『ジーニアス英和辞典』）

よって，以下のいずれも可能である。

We *put up* a tent there. / We *put* a tent *up* there.

Q3の get over with は with が副詞として使われる珍しい表現で，Q1で引用した get over と同じところに掲載されている。それを参照すると，この句動詞は，「他＋□＋副詞＋副詞／他＋副詞＋□＋副詞」構造だとわかる。よって，Let's *get* it *over with*. が正解である。

このように，句動詞は，その内部構造を辞書で確認した上で使ってみよう。

2.2
辞書における文型の扱い

文法で必ず出てくるのが「文型」という概念である。でも SVO とか SVC とかいわれても，どうもピンと来ない人も多いはず。辞書はこの「文型」をどう処理しているのだろうか？

❋ 文型はなぜ必要？

英文法では避けて通れないのが「文型」という考え方である。しかし，なぜそれが重要なのだろうか。それを考えるにあたって，以下の数字を見て，記憶していただきたい。

537411922651889674

18桁もあるので，これをすぐ記憶するようにいわれても，途方に暮れるはず。でも，語呂合わせで覚えると状況は劇的に変わる。たとえば「ゴミなし，いい国，風呂来い，母苦労なし」とすれば，5秒で覚えられるだろう。

文型は，文字を記憶するための語呂合わせではないが，上記の数字の羅列同様，一見単なる文字や音の連鎖に対して，一定の枠をはめ，そこから意味を引き出せるようにしてくれる便利なものである。それも，先ほどの語呂合わせと異なり，非常に体系化された，シンプルな形でその切り取り方を教えてくれる

実は，grammar（文法）は glamour（魅力，魔法）と同語源であり（L と R の混同は日本人だけじゃなさそうである），このことから英語学史を専門とする渡部昇一氏は，文法こそ意味のないものから意味を引き出す魔法だと呼んでいる。そうした文法の代表格が 5 文型といえる。

辞書は文法思考で引こう

※ 辞書の5文型

　いかなる英文もたった5つのパターンに分類してみせるのが5文型の考え方で，文法書のみならず，多くの学習英和辞典でも解説がなされている。たとえば，以下は『ユニコン英和辞典』の巻末にある説明を補足したものである。

　第1文型　S（主語）＋V（動詞）　Betty cried.（ベティは泣いた）
　第2文型　S（主語）＋V（動詞）＋C（補語）
　　　　　（Cは主語の状態や変化を示す）
　She is happy.（彼女は幸せだ）
　第3文型　S（主語）＋V（動詞）＋O（目的語）
　　　　　（Oは動作の対象を示す）
　Horses like carrots.（馬はニンジンが好きだ）
　第4文型　S（主語）＋V（動詞）＋O（目的語）＋O（目的語）
　　　　　（最初のOは動作の受け手，2つ目はその対象を示す）
　He gave me this watch.（彼は私にこの時計をくれた）
　第5文型　S（主語）＋V（動詞）＋O（目的語）＋C（補語）
　　　　　（Cは目的語の状態や変化を示す）
　They named the puppy John.（彼らはその子犬をジョンと名づけた）

　この枠組みを使えば，英文を機能別に分解して，意味を組み立てていくことができる。たとえば，以下の文ならば，

The pleasure of eating plays an important role.

　[主語（the pleasure of eating）]＋[動詞（plays）]＋[目的語（an important role）]という第3文型となる。そこから「食べることの楽しみは，重要な役割を果たす」だと解釈できる。

　ただし，ここで注意すべき点がある。それは，文型で使われている「主語，動詞，補語，目的語」という概念は文における機能を表しており，単語1つ1つのカテゴリを示す品詞とは別物だということである。「動詞」というのが両者に共通なので混乱を招きやすい

が，単語のカテゴリである品詞より，さらに抽象度が上がったものが，機能を示す「主語，述語動詞，補語，目的語」という概念なのである。2つは混同しやすいため，辞書を使うにあたって，各機能を，そこで使われる最も標準的な品詞と対応させておくとわかりやすい。

　主語＝名詞（その他，代名詞，動名詞，to 不定詞など）
　述語動詞＝動詞
　目的語＝名詞（その他，代名詞，動名詞，to 不定詞など）
　補語＝形容詞（その他，名詞，代名詞，前置詞句など）

この中で，特に目的語の中身は名詞だという点をよく念頭に入れておこう。たとえば，以下の3つの文を比較してみよう。

(1) She walks fast.（彼女は歩くのが速い）
(2) She eats breakfast at 7:00.（彼女は7時に朝食をとる）
(3) She became happy.（彼女は幸せになった）

(1)の fast は「速く」を意味する副詞。よって，これは目的語でも補語でもない。その点，(2)の下線部は「朝食」という名詞で目的語，(3)の happy は形容詞であり補語となる。

SVO と SVC の違いにはもう1つ留意点がある。たとえば，

(4) She became a teacher.（彼女は教師になった）

この文では，動詞の後に名詞 a teacher が来ている。よって一見，目的語に見える。しかし，(2)の breakfast が「食べる」という行為を受けるのに対して，(4)の a teacher は行為を受けるとはいいがたい。それよりも，she ＝ a teacher と，等号関係で考えた方が理解しやすい（主語＝補語）。その点，(2)においては she ＝ breakfast はもちろんあてはまらない（主語≠目的語）。さらに，(4)の become については，(3)のように形容詞も来る点に注目しよう。このように，補語の基本は形容詞であるから，名詞に加えて形容詞も来るなら，その動詞は補語を取る動詞だと考えてよい。

※ 5文型は普遍？

　英語の解釈でも発信でも非常に役立つ5文型の考え方であるが，あなたの英語辞書には果たして5文型の説明があるだろうか？

　実は，「5文型」を採用していない辞書も多いのである。たとえば，『ジーニアス英和辞典』はその代表格で，以下のように7文型方式を採用している（最後の括弧は，5文型との対応を示す）。

1．SV（主語＋動詞）［第1文型］
2．SVM（主語＋動詞＋副詞的修飾語(句)［第1文型］
3．SVC（主語＋動詞＋補語）［第2文型］
4．SVO（主語＋動詞＋目的語）［第3文型］
5．SVOM（主語＋動詞＋目的語＋副詞的修飾語(句)）［第3文型］
6．SVOO（主語＋動詞＋間接目的語＋直接目的語）［第4文型］
7．SVOC（主語＋動詞＋目的語＋補語）［第5文型］

　5文型方式と比べると，2つ目のSVMと，5番目のSVOMという文型が増えている。つまり，副詞的修飾語句M（副詞句や前置詞句で表される）を，文型の必須要素として加えているわけである。

　これは，次のような文が自然ではないという観察に基づいている。

　×My sister is lying.（姉は横になっている）
　×I put your dictionary.（辞書を置いておいたよ）

　日本語訳だけ見るとおかしいとはわからないが，上記の動詞lieやputは，場所を示す副詞要素が必要なのである。よって，そのような要素を入れると自然な文になる。

　My sister is lying *there / on the sofa.*
　（姉はそこに／ソファーの上に横になっている）
　I put your dictionary *there / beside your bag.*
　（辞書はそこに／あなたのバッグの横に置いておいたよ）

こうした副詞要素を必ず必要とする動詞があるため，7文型の考え方が出てきたわけである。

※ 大まかに踏まえた上で活用を

「自分が使っている『ジーニアス』が7文型方式なんて知らなかった！」という人も，焦る必要はない。実際には，前述のMの部分に何が来るかは動詞によっていろいろであるから，具体的な例文をしっかり辞書で確認すればいいのである。たとえば，『ジーニアス英和辞典』でSVOMの表記があるputを見ると次のような例文がある。

put a wallet *in*（財布を入れる）
put one's arm *round her shoulders*（彼女の肩に腕を回す）

こうした場合，inやround her shouldersの部分がSVOMのMの部分であり，省略できない要素だなとわかればいいのである。

ただし，判断が難しい例はいくつもある。たとえば，句動詞などは，文法家／辞書編集者泣かせであることで知られている。

She appealed to the teacher to solve the problem.

上例のappeal to A to do Bは「AにBするように願い出る」という意味で，「先生にその問題を解決してくださいと訴えた」ということである。でも，appealは自動詞だからといって，SVと分析すると，「彼女は，問題を解決するために先生に願い出た」となって誤った解釈になる。その点，appeal toを1つの他動詞のように分析するとSVOCの構文（want A to do Bと同じ）になり，正しく解釈できる。ならば，あまり文型を気にせず，appeal to A to do B（AにBするように願い出る）とチャンクで覚えておいた方が実用性が高い。

このように，文法という「魔法」の効き目にも限界があるものの，辞書記述がきっとその穴埋めをしてくれるはずである。よって，文構造がよくわからない場合は，ぜひ辞書の文型／動詞型表示を確認してほしい。

辞書は文法思考で引こう

2.3 辞書における品詞の落とし穴

　名詞や動詞といった文法範疇が「品詞」といわれるものである。文法の基本中の基本と思われがちであるが、意外に曖昧になっているケースもあるようだ。この機会に、英語学習に直結する要素を押さえておこう

※「スピーチのパーツ」って何？

　Parts of speech という英語をご存知だろうか。「スピーチの部品」ではピンとこないが、何と、これはれっきとした専門用語で、「品詞」のことなのである。

　品詞というと、文法の基本中の基本で、誰もが遠い昔に習ったことは覚えているはずである。でも、辞書引きにおいても、英語学習一般においても、実は、あまり意識されないことが多いのも事実である。

　では、ちょっと復習してみたい。ほとんどの文法書では、品詞として次の項目を挙げている。

名詞：人や物の名称。通例、複数形あり。car, book, information など。
代名詞：名詞の代わりをする。機能によって、語形変化がある。she, mine, yours など。
動詞：動作や状態を示す。機能による語形変化がある。go, talked, listening など。
助動詞：動詞と組み合わせてその意味を補う。時制による変化がある。can, might など。
形容詞：人や物の状態や性質を表す。比較において語形変化する

　　　　　場合がある。nice, nicer, nicest; long, longer, longest など。
副詞：動作や状態を修飾する。比較において語形変化する場合がある。often; early, earlier, earliest など。
前置詞：通例名詞の前に置かれ，後続する語との関係を示す。語形変化しない。in, on, before など。
接続詞：通例，文と文をつなぐ。単一の語や句をつなぐこともある。when, because, and, but など。
間投詞：話し手の感情を示す。oh, ouch など。

　このように示されると，まずは，うん，そうだったと納得できるはずである。では，ここで問題。a [the] car というような場合の a / the，I want to go now. の to は，どの品詞に属するだろうか？

※ 品詞リストから漏れている？

　「上のリストには出てこなかったけれど，a / the は冠詞，to は to 不定詞だったはず」と思った方は，ちょっとした文法通である。が，実は，これが結構やっかいなのである。まず，a / the に関して，たとえば『ジーニアス英和辞典』や『ウィズダム英和辞典』は，確かに品詞は「冠詞」になっている。だが，『ジーニアス英和大辞典』や『リーダーズ英和辞典』では「形容詞」(!) とされている。

　実は，歴史的に見ると，a と the はそれぞれ「1つの」「その」を示す形容詞から来たものなので，その名残でこの2つを（特殊な）「形容詞」として扱っている辞書もある。ただし，そうはいっても，他の形容詞と違い，a / the は，代名詞の所有格や some/many などと一緒には使えない。

× my *a* book / × *the* some houses

日本語では「私の1冊の本」「その何軒かの家」といって問題ないのと対照的である。

　こうした特徴があるため，歴史的なことはさておき，この特殊な

単語 a / the を「冠詞」という独立した品詞にすることは，意味がある。よって，学習上は「冠詞」を1品詞として扱って問題ない。

to 不定詞の to はどうだろう。実は「to 不定詞」という品詞は，「冠詞」と違って，どの辞書／文法書にも存在しない。たとえば『ジーニアス英和辞典』と『ロングマン英和辞典』は，この to に正式な「品詞」ラベルを与えず，それぞれ「不定詞標識」「動詞の原形の前に用いて不定詞であることを示す」とだけ記している。その点，『ジーニアス英和大辞典』や『ウィズダム英和辞典』は「前置詞」とした上で，その特殊性を注記している。『ジーニアス英和大辞典』を例に採れば「元来は前置詞であるが，今は「to + 動詞の原形」で不定詞を示す記号のようになった．しかし，「…の方向に」の原義を失っていない場合が多い」としている。

このように，go to school の to も，want to go の to も，もともとは同じ前置詞だったのである。ならば，前置詞扱いでいいのではないか！と早合点しないでいただきたい。現代英語では，前置詞の to と to 不定詞の to はしっかり棲み分けができている。たとえば，I want to go now. とはいえても，˟ I want to happiness. とは言えない。want to の to は，後には動詞の原形をだけを取る to なのである。逆に，look forward to A（A を心待ちにしている）では後ろに名詞が来る。つまり，これは前置詞の to なのである。以下の例文を参照。

I'm looking forward to the party / to seeing you / ˟ to see you.

このように，look forward to の後には，名詞または動詞の ing 形（動詞が名詞化したので「動名詞」と呼ばれる）のみが来る。同じ動詞でも原形はとらない。

冠詞と違って，こちらはいまだに的確な品詞名がないのはちょっと不備だが，とりあえず「to 不定詞の to」と呼んでおこう。

なお，この2つの to は，文法的用法は異なっているが，『ジーニアス英和大辞典』が述べているように，原義は「〜への方向」で共通である。よって，to 不定詞の方も，たとえば I want *to study* abroad. は「留学する方向性を希望している→留学したい」，I called her *to apologize*. は「謝るという方向で，彼女に電話をかけた→謝るために電話した」と考えると，なるほどと思えるはずである。

※ 名詞と動詞——この2つの品詞だけは押さえる

　ああやっぱり品詞はややこしい，と思った方へ。過度な心配は不要である。長い歴史の変遷で，品詞分類があやふやになった上述のような単語は例外的である。ほとんどのものはストレートに理解できる。

　さらに，英語理解と辞書引きについていえば，まず，名詞と動詞が見極められれば9割がたOKである。幸い，名詞は人や事物の名称であるからわかりやすく，動詞も文頭の名詞（＝主語）の後ろに来たり，3人称のsがついたり，ed / ing形になったりするから，見極めは容易である。よって，たとえば文中に出て来た単語を辞書で調べる場合，それが名詞か動詞か，それ以外かを推測できると，辞書引きが格段に効率化できる。

　たとえば，At dinner we *toasted* Grandpa. における toast の意味を調べるとしよう。「夕食後，おじいちゃんにトーストを」ではおかしいはず。そこで，toast が ed で終わっているから，名詞ではなく動詞だと見当をつけてから，その意味を辞書で調べよう。すると，多くの辞書では2つの toast が見出し語になっていることがわかる。

---

toast[1]
［名］トースト
［動］｜他｜〈パン・ベーコンなど〉をこんがり焼く
toast[2]
［名詞］乾杯
［動］｜他｜＜人＞に乾杯する

（『ジーニアス英和辞典』）

これは，多義語ではなく，別語源の2つの語が，歴史的にたまたま同じ綴りになったことを意味している。それぞれに名詞と動詞の用法があるので，そこから適切なものを選択すればよい。当然「こんがり焼く」ではなく，「〜の健康に乾杯する」がぴったりである。よって，先ほどの文は「夕食の際，おじいちゃんの健康に乾杯した」だとわかる。

　Dad says he has the best fishing *tackle*. における tackle はどうだろう。日本語で「タックル（する）」というカタカナ英語にもなっているが，それでは意味が通じない。ここでは，動詞 have の後ろに来て，the best fishing tackle となっていることから，名詞だと見当をつけよう。そこで，動詞語義を飛ばして名詞語義を見る。さらに fishing とつながるような意味を探すのがポイントだ。

---

tackle
［動］｜他｜1．〜に取り組む　2．〜からボールを奪う
［名］1．タックル　2．釣り道具

(『ジーニアス英和辞典』)

すると，名詞語義の2番目に「道具，釣り道具」というぴったりの語義が見つかる。よって「自分は最高の釣り道具を持っている，と親父はいっている」だとわかる。

　このように，品詞については，全体的な違いを概観した上で，特に名詞か動詞かそれ以外か，という点に注意して，辞書引きをしてみることが重要である。

2.4
他動詞／自動詞：
この容易ならざるもの

　普段の生活ではなかなか使わないが，辞書でよく見る文法用語の1つが「他動詞／自動詞」である。これは辞書引きというより，英語学習において基本的な概念なのだが，大学生でも驚くほど誤解しているのが実情だ。では，これはどういうもので，それを知っていると何が見えてくるのだろうか。

※ 英語の他動詞／自動詞と日本語格助詞の関係
　まずは，以下の辞書で動詞 cheat の定義を見てみよう。

> **cheat**［動］1．不正をする，カンニングをする　2．〈人〉をだます，欺く
> 　　　　　　　　　　　　　　　　　　　　（『ロングマン英和辞典』）

　2つの異なる語義があるが，2番目は「人をだます」ではなく，「〈人〉をだます」と表記している。これは何を示しているかというと，この意味で動詞 cheat は必ず後ろに「人」を表す語を取って，その意味は「〜をだます」になりますよ，ということである。

〈〜〉をだます　　　　　　　　　　　　　　　cheat〈　〉
　↑　　　　　　　　　　　　　　　　　　　　　　↑
　└─ここに穴があるから見出し語にも見えない穴あり─┘

　日本語語義では文頭に来ない格助詞をあえて先頭に持ってくることで，この英語動詞は後ろに名詞が来ますよ，だから語義にも穴を空けているんですよ，ということを示しているわけである。
　このように，後ろに名詞を取れる動詞のことを「他動詞 (transitive verb; vt)」と呼ぶ。動作が「他」に及ぶ動詞，と覚えておくといいだ

辞書は文法思考で引こう　53

ろう。

　逆に，名詞を取れない動詞は「自動詞（intransitive verb; vi）」と呼ばれる。語義1は「不正をする，カンニングをする」となっているから，語義に「穴」は空いていない。よって，後ろに直接名詞が来ない自動詞としての語義であることを示している。

　この自動詞・他動詞の区別によって，たとえば「彼は私をだました」ならば，He *cheated* me. といえるが，「彼女は試験でカンニングをした」は ˣShe *cheated* an exam. とは言えないことがわかる。では，後者の場合はどういえばいいかというと，動詞 cheat は後ろに名詞を取れないのだから，名詞を取れる語「前置詞」の助けを借りる。どの前置詞を使うかは，これも通例辞書に載っており，上記『ロングマン英和辞典』の場合には以下のように説明されている。

> cheat on sth〈テスト〉でカンニングをする：He *cheated on* a test.（彼は試験でカンニングをした）

　この意味の cheat だけでは後ろに名詞を取れないが，前置詞 on をつけることで名詞が取れるようになる。よって句動詞自体も cheat on sth として，名詞が後続することを示している（sth は something の略）。加えて，その語義の書き方も他動詞同様「〈テスト〉でカンニングをする」となっており，cheat on は後ろに名詞が来ることを示しているわけである。

※ 文法表記，語義，用例の総合判断で

　辞書の語義にそこまで読み込むのはやっかいだなあ，と思った読者の方へ。心配しないでいただきたい。辞書では，他動詞・自動詞の区別を示すのに，通例二重，三重の仕掛けをしている。実は，上記の『ロングマン英和辞典』でも，2つの語義については，次のように表記されている。

> cheat［動］1［自］不正をする（…）2［他］〈人〉をだます（…）

　つまり，語義の書き方だけではなく，文法ラベル［自］［他］によって，自動詞・他動詞の区別を表している。語義によっては，さらに用例が与えられているから，後ろに名詞が来る他動詞かどうかをそこでも確認することができる。

　ただし，自動詞・他動詞のラベルを用いていない辞書もある。たとえば，新書判辞書『ポケットプログレッシブ英和辞典』でcheatを見ても「v. だます，不正をする」とあるだけで，自動詞・他動詞は区別していない。通例，新書判辞書は，読解用の辞書として割り切っているから，「自・他」のような学習辞典的要素はほとんどない。

　ただし，学習辞典でも『ヴィスタ英和辞典』のように，自・他の区別がない場合もある。同辞書では，馴染みの薄い文法用語を避け，用例からその使い方を読み取ってもらうという方針である。

　イギリスの外国人向け辞書COBUILDシリーズも，学習者にはわかりにくいtransitive（他動詞）/ intransitive（自動詞）という文法用語を避け，自動詞ならば単に［V］，後ろに名詞を取る他動詞の場合は［V n］（nはnoun［名詞］の意味），さらに何らかの前置詞が後続する場合には［V n out of n］のようなラベルを，対応する用例1つ1つに付記している。

> Students may be tempted to *cheat* in order to get into top schools. ［V］
> 　　　　（*Collins COBUILD Advanced Learner's English Dictionary*）

ここでは，用例中のcheatが自動詞であることを［V］で表記しているわけである。

　このように，他動詞が何であるかがピンと来なかった人は，COBUILDにならって［V n］というつながりで覚えておくといいだろう。

辞書は文法思考で引こう　55

ちなみに，日本語では，英語のような意味での自動詞・他動詞の区別はない。なぜなら，全ての動詞は，名詞と結びつく場合には「名詞＋格助詞＋動詞」のように格助詞の助けを借りるからである。

　　　　　　名詞　　格助詞　　動詞

　　　　ロンドン　　に　　　　行く
　　　　スキー　　　が　　　　好きである
　　　　湯　　　　　を　　　　注ぐ

　ただし，こうした格助詞の中でも，「〜を」「〜が」を取れる動詞は他動詞と呼ばれる。よって，「行く」は自動詞，「好きである」「注ぐ」は他動詞となる。

　なお，くだけた口語では格助詞が落ちて「ロンドン行きたい」「スキー大好き」のようになることもあるが，自動詞・他動詞の区別はそのままである。

　なお，英語の前置詞の場合には（go）to London のように「前置詞＋名詞」の語順であるが，日本語の場合は「ロンドンに（行く）」のように「名詞＋格助詞」となり，語順が逆転している点に注意しておこう。

※ 他動詞・自動詞を知っているとどうなる？

　では，こうした「自・他」の区別を知っていると，どんな場面で役立つだろうか？

　まずは，英語を話したり書く際に，不要な前置詞をつけたり，逆につけなかったりといったエラーを回避でき，自然と標準用法を身に付けることができる。

　たとえば，equal が形容詞の場合，A is *equal* to B（A は B に等しい）と表現でき，Twice four is *equal* to eight.（4 の 2 倍は 8 だ）（『ジーニアス英和辞典』）のように用いる。

　でも，辞書をよく見ると，この equal には動詞，それも「他動詞」

としての用法もあることがわかる。ということは，上記と同じ意味を動詞用法でも表現できるが，×Twice four *equals* to eight. としてはいけない。他動詞なのに，後ろに名詞が直接来ていないからだ。よって，この場合は Twice four *equals* eight. のように，前置詞 to を入れないのが正用法である。

また，自動詞・他動詞で同じ単語の意味が大きく変わることもあるから注意が必要である。以下の2つの文における stand を比較してみよう。

(1) I can't *stand* my boss.
(2) I can't *stand* next to my boss.

大学生でも，どちらの文も「ボスの隣には立てない」と訳してしまう場合が多く見られる。そこで，自動詞・他動詞の違いに注意して辞書を見てみよう。

(1)の文では，stand の後ろに名詞 my boss が来ているから，この stand は他動詞である。その点，(2)の方は，next to という2語からなる前置詞（群前置詞と呼ぶことがある）が来ているから，自動詞である。少なくとも，名詞ではなさそうだと推測できればよい。

これを念頭に，関連しそうな語義を探す。すると，自動詞 stand については，「立っている」でよさそうであるが，「他動詞」stand の第1語義は「立てる，立たせる」になっている。

---

stand［動］
［自］1．立っている（…）2．立ち上がる（…）
［他］1．［stand A+副］（［副］は場所の表現）〈人・物〉を立てる，立たせる（…）
2．［can stand A / doing / to do］［…すること］を我慢できる，辛抱できる（…）

（『ウィズダム英和辞典』）

だが，この意味では，名詞の後に必ず立たせる場所を示す副詞表現が来ると書いてあり，以下がその用例である（下線部が立たせる場所）。

stand a shovel <u>against the fence</u>（フェンスにスコップを<u>立</u>てかける）

先ほどの(1)文には，立たせる場所が記されていないので，これではなさそうである。そこで，上記辞書で2つ目の他動詞語義を見ると「～を我慢できる，辛抱できる」とある。これならOKである。つまり，(1)は「（もう）ボスには我慢できない，耐えられないよ」ということになる。ちなみに，この表現 (can't) stand the boss をGoogleで検索すると2万件以上のヒットがある。上司が悩みの種である人が多いことの現れだろうか。

ということで，これからは，英文を読む際，辞書を引く際には，この他動詞・自動詞を意識して検索してみよう。

2.5
動詞型の奥深さと面白さ

　英語語彙知識に「深さ」をもたらすポイントの1つが，英語の「動詞型」をよく知ることである。1つの動詞が，前置詞を変えたり，to不定詞をつけることで別の意味になることがよくある。以下では，こうした動詞型の奥深さと面白さに注目してみたい。

※ 語彙学習の基本スタンス

　英語の語彙学習には「広さ」と「深さ」の両面が必要だといわれる。つまり，語彙数を増やす「広さ」が重要な一方で，1つ1つの語彙について，より「深い」知識も必要だということである。

　では，ここでいう「深さ」とは何だろうか。3つのポイントを挙げておこう。まず，単語の構成そのものを深く知る「接辞」の知識がそれである。たとえば，unhappy（不幸な）は，happyに否定の接頭辞un-がついたものであり，最後の-yは形容詞語尾だ，というような知識である。こうしたことがわかると，1つの単語を深く知ることができるだけではなく，関連するunevenが「否定+平らな」で「平らではない」，hillyが「丘+形容詞語尾」で「丘が多い」のように，別単語での意味類推もかなりできるようになる。

　「深さ」の2つ目は，語と語の意味的なつながりであるコロケーションを知ることである。planの意味が「計画」だと知るだけではなく，make a plan（計画を立てる），adopt a plan（計画を採用する），carry out a plan（計画を実行する）といったコロケーションを知らないと，この語は使いこなせない。逆に，日本語からいうと，同じ「採用する」でも，「計画」はadoptだったが，「人を採用する」ならemploy a person，「論文を採用する」ならaccept a paperのように，別の動詞が使われるといった知識も必要である。

辞書は文法思考で引こう　59

3つ目の「深さ」は、動詞や形容詞・名詞の「型」をよく知ることである。たとえば、上記 plan を使って「改革への計画」といいたければ、a plan for reform のように前置詞 for がつく。動詞 want ならば、自分がしたい場合には want to do になるが、相手にしてほしければ、want you to do という、「want + 名詞 + to 不定詞」という型になる。これを「文法的コロケーション」と呼ぶことがある。

　こうした点について、もっと詳しく知りたければ、『メモリー英語語源辞典』（大修館）のような語源辞典、『英和活用大辞典』（研究社）、*Oxford Collocations Dictionary for Students of English*（オックスフォード大学出版局）、*Macmillan Collocations Dictionary*（マクミラン）のようなコロケーション辞典、『英語基本動詞辞典』『英語基本名詞辞典』（研究社）のような動詞型・名詞型辞典を参照するといいであろう。

　ただし、こうした専門辞書がなくても、ご心配なく。通常の学習英和辞典でも、主要な語彙についてかなりの情報がすでに入っている。では、こうした学習辞書を参照しながら、「動詞型」について、より詳しく見ていこう。

※ 意外と知らない基本動詞の型

　まず、基本動詞でありながら、日本人がよくわかっていない動詞型を見ていこう。

　まず、最初は want である。「このクルマを洗ってほしい」といいたい場合、上で述べたように、I *want you to wash* this car. といえる。「want + 名詞 + to 不定詞」の型である。でも、ほぼ同じ内容を別の型で表現できるだろうか？

　『ワードパル英和辞典』を見ると、［want A (to be) done］と表記してあるのがそれである。これは「want + 名詞 + (to be) 動詞の過去分詞形」を示していることが読み取れただろうか。

　これを使うと、先ほどの例は以下が正解となる。

I *want* this car *washed*.

最後の部分は，this car（is）washed という受動の意味が隠れている点に注目しておこう。同辞書には，I *want* it *done* right away.（すぐにそれをしてほしい）という用例が載っている。

もう1つは，ask である。ask（her）a question（彼女に質問する）のような型はよく知られているが，特定の型を用いると，ほとんど want と同じ意味になるのを知っているだろうか。それは ask for A である。これを使うと，以下のようにいえる。

> She *asked for* something cold to drink.
> （彼女は冷たい飲み物を頼んだ）　　　　　　（『ビーコン英和辞典』）

さらに，「彼に A を欲しいという」ならば，ask him for A とすれば OK である。

ask については，もう1つ日本人がよく間違えて，しばしばコミュニケーション上のトラブルを引き起こしている型がある。「今日は早く帰らせてくださいとキャプテンに頼んだ」というような内容である。これを英訳しようとして，学習者の多くが，I asked the captain to go home early today. という誤りを犯しがちである。この「ask ＋人＋ to 不定詞」という型を辞書で見ると，「（人に）〜するように求める」（『フェイバリット英和辞典』）だとわかる。つまり，上文は「キャプテンに，今日は早く帰ってくださいと頼んだ」ことになってしまい，意図する内容は全くの別物となる。

さらにやっかいなことに，ask には，よく似た「ask to do」という型があり，こちらの方は「〜させてほしいと頼む」ということである。以下の用例を見てみよう。

> Can we *ask to use a room* in the community center?
> （公民館の部屋の使用を申し込むことができますか？）
> 　　　　　　　　　　　　　　　　（『フェイバリット英和辞典』）

辞書は文法思考で引こう

つまり、「キャプテン」に言及しないで、I *asked to go* home early today. なら、「今日は早く帰らせてくださいと（誰かに）頼んだ」ことになり、ask the captain to go 〜とすると、キャプテンへの要望となるわけである。

これを解決するには、やはり辞書をよく読んでみたい。辞書に記された動詞型を参考にすると、先ほどの英文を示すには2つの方策がある。まず、「ask + 人 + if」の型を使って、I *asked* the captain *if* I could go home early today. とする方法である。もう1つは、「ask + 人 + to 不定詞」の型と許可を意味する let を組み合わせて、I *asked* the captain *to let* me go home early today. とする方法である。

よく知っている動詞でも、動詞型の違いでこれほどまでに意味が異なってくる。よく知っている基本動詞だからこそ、ぜひ、あらためて辞書記述を確認してみよう。

※ to 不定詞と動名詞の意味

個々の動詞は、それぞれ特徴ある動詞型を持つが、その型自身にもある程度共通の意味合いがある。

その1つは、動詞の次に来る to 不定詞（to do）と動名詞（doing）である。違いを鮮明にするため、『ワードパル英和辞典』は、remember の項目で、以下のテストを載せている。

(1) Do you remember (to meet / meeting) her last year?
(2) You must remember (to meet / meeting) her next week.

remember は to 不定詞と動名詞のいずれの型も取れる動詞であるが、意味が異なる。to 不定詞を使うと未来に言及し、動名詞だと過去のことになる。よって、(1)では meeting が正解で、「昨年彼女に会ったのを覚えているか」、(2)は to meet が正解で「来週彼女と会うのを覚えておかなければならない」となる。

このように、to 不定詞には「未来志向」があり、動名詞にはそれがない、といえる。つまり、未来のことを述べるのは to 不定詞で、

過去や一般論を述べるのは動名詞ということである。stop doing と stop to do についても，この視点があてはまる。

(3) She *stopped to read* a book.
(4) She *stopped reading* a book.

(3)は未来志向の to 不定詞であるから，「本を読むために（=これから本を読む），今していることをやめた」となる。その点，(4)の方は，「本を読むのをやめた（=すでに本を読んでいた）」ということになる。

なお，start のように，どちらを使ってもほとんど同じ意味になるような動詞もある。

He *started to cry*. / He *started crying*.（彼は泣き始めた）

※ 日本人が苦手な「動詞＋名詞＋ into ＋動名詞」

よく使われるにもかかわらず，日本人が苦手とする，あるいは存在をあまり知らない型がある。それが「動詞＋名詞＋ into ＋動名詞（doing）」という型である。基本語彙では，talk がこの型を取る。たとえば，以下のような文は，単なる「話す」ではない。

> She *talked* her husband *into* buying her a pearl necklace.
> 　　　　　　　　　　　　　　　　　（『ワードパル英和辞典』）

確かに「話す」という意味で知られている talk であるが，talk A into doing という型になると，「A を説得して〜させる」という意味になる。よって上例は，「彼女は夫にうまく話をして真珠のネックレスを買わせた」ということである。

この「動詞＋名詞＋ into ＋動名詞」という型は，「ある行為によって〜せざるを得ない状況に追い込む」ということである。行為の内容から大きく分けると，「力ずく」タイプ，「だまし」タイプ，「おだて」タイプ，「説得」タイプがある。

○「力ずく」タイプ：force, frighten, bully 他
He is always *bullying* people *into* doing things.（彼はいつも人をおどして物事をさせている）『ジーニアス英和辞典』

○「だまし」タイプ：trick, fool, deceive 他
They *tricked* me *into* believing that the contract was valid.（彼らはだまされて契約書が有効だと信じてしまった）『フェイバリット英和辞典』

○「おだて」タイプ：charm, flatter, entice 他
She *charmed* her opponent *into* meeting her halfway.（彼女はうまいこといって相手に妥協させた）『ワードパル英和辞典』

○「説得」タイプ：persuade, lead, talk 他
He *persuaded* me *into* going to the movies with him.（彼は私を説得して一緒に映画を見に出かけさせた）（persuade A to do も可能）『グランドセンチュリー英和辞典』

このように，この型を知っていると，パンチある表現ができるようになるから，まとめて覚えていただきたい。

※ 異なる動詞型で効率的な語彙力アップ

このように，見慣れた動詞でも，異なる動詞型を用いることで，全く異なる意味を伝達できることがある。つまり，全く別の単語を1つ覚えたのに等しい効果があるわけである。これは記憶の効率の点では大変有用である。ぜひ，辞書で動詞型もよく調べて，「深さ」のある語彙学習をしていただきたい。

2.6
用例を最大限活用するノウハウ

　普段接している英語辞書の多くには，用例が載っているはずである。そのため，用例はほとんど空気や水のような存在であるが，学習する際に，それを誤読したり，あるはずと思った情報が見つからないといったことがしばしばある。しかし，ちょっとしたノウハウを知っておくと，そうした事態を未然に防ぐことが可能となる。

※ コロケーションの抜き出しと探索

　英和辞典や英英辞典の語義をクルマのエンジンにたとえるならば，用例はいわばクルマのタイヤといえる。いくらパワフルなエンジンを積んでいても，そのパワーをしっかり大地に伝えるタイヤの底力が必須である。辞書活用でも，語義だけに注目していると，辞書情報の要(かなめ)をみすみす逃していることになる。

　そこで，以下では，英文解釈や英作文において用例参照をする際，実際に学習者において問題が多い事項を取り上げてみよう。

　最初にコロケーションの抜き出しを見てみたい。たとえば日本語にもなっている lip service という名詞の用例を見て，「リップサービスをする」というコロケーションを抜き出してみよう。

---

lip service 　（非難して）《～への》口先だけの好意［賛同］▼ *pay lip service to* the idea（その案に口先だけ同意を示す）

（『ウィズダム英和辞典』）

　ここから pay lip service to A というコロケーションが確認できる。ついでに，lip service に the や a もついていないから，数えられない名詞だということも確認しておく。

辞書は文法思考で引こう　65

ただし，用例の多い辞書でも，ちょっと周辺的な語彙になると用例がない場合も多い。たとえば，歯の並びをよくする針金状の「歯列矯正器（braces）」というものがある。どの辞書にも語義は載っているが，用例はほとんど見つからない。でも「歯列矯正器をつける，している」といったコロケーションが必要なのはすぐわかる。そうした場合，英英辞典の定義が助けになることがある。

---

braces: a connected set of wires that people, especially children, sometimes wear on their teeth to make them straight

(*Longman Advanced American Dictionary*)

いろいろな修飾語句がついているが，それを除いて骨子だけを示すと a set of wires that people wear on their teeth となる。that は関係詞で，wear の目的語（＝動詞の次にくる名詞）になっているから，wear A on one's teeth という動詞型が読み取れる（wear と on one's teeth が直接つながっているのではなく，その間に目的語が入っている点に注意）。

a set of wires + □ people wear *that* on their teeth

この関係詞 that が指す名詞（＝先行詞）は a set of wires であるが，これを braces 自体と考えれば，wear braces (on one's teeth) というコロケーションが予測できる。

同様に，seat belt の英英定義から，「シートベルトをする」というコロケーションが取り出せるか見てみよう。

---

seat belt: a belt that is attached to the seat in a car or a plane and that you fasten around yourself so that you are not thrown out of the seat if there is an accident

(*Oxford Advanced Learner's Dictionary*)

この辞書では，a belt (...) that you fasten around yourself の部分から，fasten a seat belt (around oneself) が抽出できる。

※ 同格の that 節と誤読の罠

次に，that 節を考えよう。英語を書く際に，以下のどの名詞ならば，that 節が取れるのかを，辞書を参照して確認してみよう。

the [fact / information / book / letter] +
that the country continues its march toward developing nuclear weapons
(その国は核兵器開発に邁進しているという事実／報告／本／手紙)

この場合の that は「同格の that」と呼ばれるもので，どの名詞にでもつくわけでない。それが可能な名詞は，各辞書で異なる注記がなされており，「that［節］」(『オーレックス英和辞典』)，「+ that 節」(『アドバンスト・フェイバリット英和辞典』) などがその一例である。

こうした辞書の標識に注目すると，fact / information には同格の that がつくが，book や letter にはつかないことがわかる。

that 節が取れる場合には，多くの場合，用例でもそれが確認できる。

Despite the fact *that* she was ill, she did her job with a smile. (病気だったにもかかわらず彼女は笑顔で仕事をした)

(『オーレックス英和辞典』)

Today the fact *that* the earth travels around the sun is known to everyone. (今日では地球が太陽の周りを回るという事実は誰もが知っている)

(『アドバンスト・フェイバリット英和辞典』)

ただし，用例にある that は誤解を招きやすい場合も多い。たとえば，以下の state (状況) の用例にある that を見てみよう。

> They complained about the untidy state *that* the house had been left in.(彼らは，家が散らかった状態にされていたことに不平をいった)/ It was another radio discussion about the bad economic state *that* the country was in.(国がおかれている経済悪化状態について，ラジオで討論がなされた)　　　(*Cambridge International Dictionary of English*)

　これも，先ほどと同じ「state ＋同格の that 節」の例であるが，state も that を取れるんだと考えると，大きな誤解である。実は，こちらの that はいずれも関係詞で，次の2つの文を結びつける働きをしている。

the untidy state
＋ the house had been left in *the untidy state*
the bad economic state
＋ the country was in *the bad economic state*

　いずれも斜字体部分が関係詞 that になって2つの部分が組み合わされる。

the untidy state *that* the house had been left in #
the bad economic state *that* the country was in #
(# は関係詞が元あった場所を示す)

つまり，こちらの that は which と置き換えることができる関係代名詞であり，同格を表す接続詞の that ではない。なぜ，この違いがわかるかというと，以下の(1)の場合は，that 以下に欠落した部分がないのに対し，(2)では，上で示したように in の後の名詞が抜けているからだ。

(1) the fact *that* she was ill
(2) the bad state *that* the country was in #

この「欠落部分」によって，(1)は同格の that 節，(2)は関係代名詞の that であることがわかる。

このように，that を含む用例をチェックする際には，こうした点をよく確認しないと思わぬ誤りを犯すことがある。

※ 言い換え表現の対応に注意

用例によって，同義表現や関連表現が示されることがある。たとえば，以下は priority の例文である。

> give priority to problems of the economy（経済の問題を優先的に扱う）/ have [take, get, be given] priority over all other considerations（何にもまして優先されるべきである）
>
> （『ウィズダム英和辞典』）

よく似た2種類の用例がある（後者には，複数の動詞も示されている）。実は，2つの用例で用法が異なるのだが，ざっと見ただけでは，誤解しやすいので注意が必要だ。たとえば，これを実際に参照しながら「彼はその地区の子どもを優先した」を英訳するとしよう。すると，He *had priority over* children in that area. と誤訳する例が，大学生レベルでも多数見られる。こう訳すと「彼自身が子どもよりも優先された」ことになってしまう。

これはたとえ用例があっても，その読み取りに失敗した例である。どの辞書であれ，用例から，意味がストレートに頭に入ってこない場合は，主語や目的語などをA / Bなどで表してみるとわかりやすくなることがある。たとえば，先ほどの用例ならば，訳文を見ながら，以下のようなメモを辞書の余白に加えておくとわかりやすい。

a) A gives priority to B（AがBを優先する）
b) B has [takes, gets, is given] priority over C（BはCより優先される）

この場合，例a）では優先行為を行う人Aが主語で，優先されるものが to の後ろに来たBである（A は比較の対象ではない）。2つ目の表現では，優先されるB自体が主語になっており，over 以下には優先度が下がる項目が来るわけである（比較の行為者は明示されない）。ちなみに，両者を組み合わせて「A（人）はCよりもBを優先させる」といいたい場合には，A gives priority to B over C. となる。

　こうしたことを確認しておけば，先ほどの「（彼は）その地区の子どもを優先した」は，以下のようにいえばよいことになる。

He *gave priority to* children in that area.
Children in that area *had priority over* other children.

　このように，用例が詳しくて，その型がピンと来ない場合は，用例を簡易表記して関係を把握したり，マーカーでその部分だけ目立つようにしておくといいだろう。

※ 用例がなければ，自らメモしよう

　上記とは逆に，用例が欲しいにもかかわらず，それが収録されていない項目が，どの辞書にも多数ある。たとえば，用例が豊富なことで知られる『ジーニアス英和辞典』でも，成句扱いの little [no] better than ...（～も同然の）には用例がない（同『英和大辞典』には用例がある）。

　困ったことに，こうした機能的な表現はそれだけで完結するものではなく，用例がないと，どういうものが主語に来て，どういうものが than に後続するのかがわからない。こうした場合，もし，自分が読んでいる／聞いているテキストにこの表現が出てきて，それを辞書で確認しているならば，ぜひ，その文自体を用例として書き込んでおくとよい。

　たとえば，実際に遭遇した用例が次のようなものだとする。

War is *no better than* terrorism.（戦争はテロ行為同然だ）

His new tax-cut logic is *no better than* the old.（彼の減税の論理は昔の言い分と変わらない）

　せっかく機能的な成句 no better than を含んでいるので，その意味を確認するだけではなく，それを用例としてメモしておくとよい。すると，具体的用例を目にすることで，意味内容がはっきりして記憶に残りやすい。また，いずれの表現においても，than の後ろに来ているのが，どうもあまりよろしくないもの（terrorism や the old (logic)）なので，この表現は悪いことを比較するのに使うのかな，といったことを推測するきっかけにもなる。ちなみに，この推測は正しい。

　このように，スペースの関係で用例を省略された表現についても，もし，学習中にそれが出てきたならば，辞書で意味を確認するだけではなく，印刷辞書ならば，余白にその用例を書き込んでおくとよい（電子辞書でも，メモ機能がついているものがある）。今後，同じ語句を引いた際に，貴重な情報となるだけではなく，「私家版」となった自分の辞書に，より愛着を持てるはずである。

第3章
[鉄則その3]

❖

辞書を活かすのは
検索スキル次第

3.1
なぜ求める表現が
見つからないのか？

　辞書を使っていてイライラするのは，何といっても探している表現がなかなか見つからない場合だろう。では，どうしてそういうことが起こるのか，それを避けるにはどうすればいいか，について考えてみよう。

※ 単語が見つからない!?［初級編］

　辞書を引いていて，求める単語や表現が見つからないことはよくある。辞書によって収録語数が違うのであるから，当然，求める単語が自分の辞書に載っていない場合もあるだろう。でも，そこには，意外な落とし穴があり，本当は載っている情報を見つけ損ねている場合も多数含まれる。

　以下では，そうしたことがなぜ起こるのか，どうすればもっと効率よく辞書を引けるのかを，授業やセミナーで実際に起こった事例を見ながら，考えていこう。

　では，まず，初級編として，A君の例から。彼は，His hand felt *clammy*. という文に遭遇し，clammy を辞書で引いたが，見つからず，自分の辞書には載っていないんだとあきらめていた。しかし，自分と同じ辞書を持っている隣のB君は，それをちゃんと見つけて「汗でねばねばしている」という意味だよと教えてもらって，びっくり。

　理由はこうだ。A君は，辞書で crammy という単語を必死で探していたのである。すなわち，綴りのLを，Rと勘違いして引いていたわけである。このように，元の綴りを見て引いているつもりでも，LとRを勘違いして引いている場合がよくある。

　同様に，C君は，She's got a *crush* on the captain of the hockey team. を，「彼女は，ホッケーチームのキャプテンと衝突した」と解釈した。

辞書を活かすのは検索スキル次第　75

でも，Dさんは「彼女は，ホッケーチームのキャプテンに恋してしまった」と全く違う解釈をした。2人ともちゃんと辞書を引いて単語を見つけたのに，なぜだろう？

実は，C君は crush ではなくて，clash を引いていたのである。でも，先ほどの crammy とは違って，この語は実在するので，それを辞書通り「衝突，言い争い」と解釈したのである。原文通り crush の綴りで探せば，名詞の場合には「（～に）夢中になること，ほれること」だとすぐわかったはずである。

このように，リスニングやスピーキングの際に問題になるLとRの混乱であるが，辞書引きでもしばしば間違えるから，注意しよう。

教訓　辞書引きでもLとRは要注意！

※ 単語が見つからない!?［中級編］

Eさんは，英英辞典で traffic light(s)（交通信号）を引いて，信号の色がどのように表現されているかを調べようとした。でも，自分の辞書には，この表現が載っていないと知ってがっかり。でも，隣にいたFさんに，「あなたの辞書にも載ってるわよ」と指摘されて二度びっくり。

実は，Eさんは traffic の項目内で traffic light を探していたのである。ところが，彼女が持っている英英辞典では，この表現は，traffic や light の項目に入っているのではなく，traffic lights として，独立見出しになっていたのである。

このように，2語以上からなる名詞を「複合名詞」と呼ぶが，頻度の高い複合名詞を，独立見出しにする辞書と，主要な名詞の項目内に入れている辞書の，2種類が存在する。

たとえば，『アドバンスト・フェイバリット英和辞典』や *Longman Advanced American Dictionary*, *Oxford Advanced Learner's Dictionary* では，traffic light(s) は独立見出しになっている。しかし，『ジーニアス英和辞典』『ウィズダム英和辞典』などでは，traffic の中の下位項目となっている。

別の複合名詞 seat belt についても同様で，前者の辞書グループでは独立見出し，後者のグループでは，seat の下位項目になっている。

　このように，自分の辞書は，複合名詞を独立させるタイプなのか，そうではないタイプなのかを，一度確認しておくといいだろう。

　ちなみに，E さんが調べようとした信号の色であるが，英英辞典では，red, yellow, green になっていることが多い。辞書によって，yellow が orange や amber（「琥珀色」に近い）になっていることもあるが，green が blue になっていることはまずないようである。

　中級レベルで，もう1つ混乱しやすい点を挙げておく。それは，たとえば以下のような文である。

Let's give it a go.

　これを辞書で調べて，G 君は「それをやってみよう」，H さんは「それに元気を与えよう」と解釈した。正解は，G 君の方である。

　でも，よく調べると，実際には，H さんの辞書にもちゃんと，give ～ a go で「～をやってみる」という定義が載っていることがわかった。H さんはうっかり見逃したのだろうか？

　実は，この問題は，用例か成句かという判断に大いに関連している。つまり，動詞を含む2語以上からなる表現については，用例で扱うのか，成句扱いにするのかは，辞書によって癖があって，多少処理が異なるのである。

　たとえば，『オーレックス英和辞典』で名詞 go を引くと，2番目に「試み，機会」という訳語があり，そこに give a go の用例がある。

> I'm not sure if I can do it, but I will *give* it *a go*.（できるかどうかわからないが，とにかくやってみます）
>
> 　　　　　　　　　　　　　　　　　　　　　（『オーレックス英和辞典』）

　G 君は，これを見て，先ほどの文の意味がすぐ理解できたわけである。その点，H さんの持っている『ユースプログレッシブ英和辞

典』では，確かに「試み，機会」という語義が3番目にあるものの，そこにはgive a goという用例がない。そのために，2番目の「活力，元気」という語義かなと判断し，「元気をあげる」と誤解したものである。

でも，実際には，『ユース』にも，この表現が載っているのである。この辞書では，多くの辞書同様，全ての語義を記した後に成句が集められているが，そこにgive A a go（Aをやってみる）という形で載っている。Hさんは，用例だけを見て，こちらの成句部分を見ていなかったわけである。

このように，2つ以上の単語が密接につながる場合，用例で取り上げられる場合と，成句扱いになる場合がある。よって，引く側としては，少々手間にはなるが，両方の項目を見ておく必要があることになる。

教訓　用例と成句の両方に目を通そう！

※ 単語が見つからない⁉ ［上級編］

上級者が「見つからない」という場合は，初・中級レベルとは意味合いが異なる。それは，検索技術の問題ではなく，本当に載っていないことが多い。それがぜひ必要な語彙ならば，ぜひ出版社／編集部にコンタクトを取り，その表現の掲載を要望していただきたいと思う。

現状の日本の英語辞書では，語数を増やしても，口語表現の扱いにまだまだ改善の余地がある。よって，特に会話やインフォーマルな文章でよく使われるフレーズについて，上級者の方がこれは載っていてもいいだろうと感じるものがあれば，ぜひ，出版社に掲載を検討してもらうとよい。

たとえば，if you insist（もし，どうしてもと，おっしゃるのでしたら）やhaving said that（そうはいったものの）といった口語表現は，今ではかなりの辞書が載せている。しかし，買い物だけを見てもEating in?（店内でお召し上がりですか？），Paper or plastic?（紙袋にしま

すかビニール袋にしますか？），How many in your party?（［レストランにて］何人様でしょうか？）といった定型表現はまだまだ掲載されていないようだ。

よって，こうした慣用表現に気づいたら，ぜひ，日本人学習者のためにデータをお寄せいただきたい。

|教訓| 載っていなければ教えてあげよう！

※ 電子辞書での検索

初・中級編で挙げた検索上のポイントについては，辞書引きに気をつけることに加えて，もし，電子辞書をお持ちだったら，さらに検索を容易にすることができる。それは現行機種の「用例検索」と「成句検索」を活用することである。たとえば，give a go を探すには，give&go のように，2語（以上）を「＆検索」入力することで，辞書が勝手に，くまなく調べてくれる。それが用例にあろうが，成句にあろうが，give の項目にあろうが，go にあろうが，全く関係なく，それも複数辞書から検索できる。求める表現に簡単にたどりつくことができるだろう。

3.2
訳語がしっくりこない場合の対処法は？

　知らない単語の意味を調べるのは，辞書の唯一の機能ではないが，最も重要な機能である。でも，そうした辞書の語義がしっくりこなかった経験はないだろうか？

※ 訳語がしっくりこない時
　辞書を引いても，依然として意味がはっきりわからなかったという経験は誰にもあるだろう。どうしてそういうことが起きるのだろうか？　その対処法は？　それを考えるために，まず，以下の文を手元の辞書で引いて，その意味をメモしていただきたい。

(1) Get me the manager.
(2) Sorry, this till is closed.
(3) It was a buffet restaurant.
(4) My first acquaintance with Robert Frost came when I was a child.
(5) My son developed a cold.
(6) The rogue spent two years in the pen.
(7) A story like this drives me up a wall.

　これらを題材にして，手持ちの辞書で何の問題もなく意味がわかる場合と，そうでない場合があること，そして，そのからくりは何なのかを考えていこう。

※ 訳語が吟味されていない場合がある
　(1)の "Get me the manager." については，まずmanagerを引いてみよう。すると，『ジーニアス英和辞典』には，「経営者，管理人，支配人，責任者」といった訳語が並んでいる。よって，その意味を「支

配人を呼んでくれ」とした人が多いだろう。しかし，managerの意味を英英辞典で調べると，以下のようになっている。

> **manager**: someone whose job is to manage part or all of a company or other organization
> （*Longman Dictionary of Contemporary English*）

　要するに，「会社やお店などの仕事を部分的，あるいは全面的にやりくりする人」ということである。よって，日本語訳は「支配人」で決して間違いではないが，最も普通の訳語が抜けている。それが「店長」である。(1)の文は，客が怒った時に使うことも多いが，たとえば，レストランで「支配人を呼べ！」というよりは，「店長を呼べ！」とした方がしっくりくる。実際，多くの辞書でこの訳語が抜けている。『ウィズダム英和辞典』でも初版には載っていなかったが，第2版で掲載された。『アドバンスト・フェイバリット英和辞典』でも，第1語義の最後に載っている。

　(2)の"Sorry, this till is closed."はどうだろうか。「すいません，現金入れの引き出しは閉まっている」なんてことになってしまった人はいないだろうか。実は，名詞 till は，アメリカ英語では「現金入れの引き出し，貴重品入れ」などを意味する。ところが，イギリス英語では，これは「レジ」のことなのである。よって，(2)の文は「すいません，このレジは閉鎖中です（隣のレジをお使いください）」ということである。アメリカ英語を重視する辞書が多かったので，この「レジ」という語義は多くの辞書で抜けていたが，現在では『Eゲイト英和辞典』のような初・中級英和辞典でもちゃんと拾っていることが多い。

　(3)の"It was a buffet restaurant."はどうだろう。もちろん，「それはビュッフェ式のレストランだった」で間違いではない。実際，多くの辞書では，buffet（バフェイ，ビュフェイ）を「軽食堂，（セルフサービスの）軽食」（『オーレックス英和辞典』）のように記している。

が，問題は，日本人がこの訳語から本当にその意味をイメージできるかどうかということである。英語では，この語は以下のように定義されている。

> a meal in which people serve themselves at a table and then move away to eat　　　　　　　　　　　(*Longman Advanced American Dictionary*)

要するに「自分で勝手にテーブルから料理を取っていって，別のところで食べる食事」ということで，「セルフサービス」には違いがないが，日本人は，こういうのを普通，何と呼ぶだろう？多くの人は，これを「バイキング（料理）」あるいは「食べ放題」と呼ぶのではないだろうか。依然として，buffet に「バイキング」という訳語を持たない辞書もあるが，『ジーニアス英和辞典』『スーパー・アンカー英和辞典』などは，ちゃんと「バイキング料理」という訳語がある。よって，(3)は「それはバイキング式のレストランだった」が自然だろう。

(4)の "My first acquaintance with Robert Frost came when I was a child." はどうだろうか。この acquaintance については，『ジーニアス英和辞典』『ウィズダム英和辞典』『アドバンスト・フェイバリット英和辞典』といった中／上級英和辞典でも「知人，顔見知り；面識，つきあい；知識」といった訳語しか載っていない場合が多いようである。いずれを使っても，(4)の文にはうまくあてはまらない。この (Someone's) acquaintance with ～ という表現は，実は非常に頻度が高いが，ここはやはり「出会い」という訳語が欲しいところである。よって，(4)も「私と詩人ロバート・フロストとの出会いは，子どもの時であった」とすれば，しっくり来るだろう。このあたりも，意外に基本的な訳語が抜けている例である。

※ コロケーションや多義語の扱いも慎重に

(5)の "My son developed a cold." はどうだろう。「息子は風邪を発

展させた」では，日本語としておかしい。これは，辞書にあるdevelopの後ろの方の語義をよく見ると解決する。面白い説明があるのが『Eゲイト英和辞典』で，「…を発現させる（ないものを生じさせる，隠れているものを明らかにするなどの意味）」と書かれた後に，「（ある病気を）発症する，…にかかる」とある。用例にも，develop a cold が掲載され「風邪にかかる」と訳されている。よって，(4)の意味は「息子は風邪を引いた，風邪をこじらせた」ということである。

この場合，頻出するコロケーション（慣用的な語と語のつながり）でありながら，develop a cold を掲載している辞書が結構少ないのが問題である。世界最大のコロケーション辞書『英和活用大辞典』にも，現在のところ載っていない。

特に，通常，develop は「発達する，発育する」というプラスのイメージで知られているので，病気というネガティブなものとのコロケーションを載せたいところである。

(6)の "The rogue spent two years in the pen." に移ろう。「その詐欺師は2年間をペンの中で過ごした」では意味をなさない。そこで，pen の意味を辞書で見てみるが，「ペン」以外には「文筆業」というような意味しかない。「詐欺師は2年間文筆業をして暮らした」ということになりそうだが，どうもしっくりしない。

実は，pen には語源違いだが，同じスペリングの語が存在する。あまり小さい辞書だと載っていないが，たとえば『オーレックス英和辞典』を引くと，pen^1, pen^2, pen^3, pen^4 という4種類の pen が掲載され，それぞれ「ペン，文筆業」「（家畜の）おり，囲い」「刑務所（penitentiary の省略形）」「雌のハクチョウ」であることがわかる。よって，この場合は pen^3 が正解で，文意は「詐欺師は2年間刑務所暮らしをした」となる。

最後の(7) "A story like this drives me up a wall." はどうだろうか。1つ1つの単語の意味を付け足していって「このような話は私を壁の上でドライブさせる，駆り立てる」などとしても，意味をなさない。

この場合，うまく訳語に到達できないのは，これが成句・イディ

オムの類だからである。成句やイディオムは、1つ1つの単語の意味が全体の意味と合致しない「不透明な表現」である。drive a car（クルマを運転する）は透明な表現であるが、drive (someone) up a wall は不透明な表現で、「〜を激怒させる」という意味である。『ジーニアス英和辞典』ならば、driveではなく、wallの成句の項に収録されている。よって、(7)の意味は、「こうした話は、本当に頭に来る」ということである。「不透明な」意味を持つ成句であるから、成句として載っていないと、正しい意味に到達することはできない。

※ 訳語に疑問を持ったなら

　このように、辞書を引いても、訳語が文脈にぴったり来ないという場合がある。そうした場合、ぜひ、次のようなことをしてほしい。
　まず、第1に、複数の辞書を引いてみることである。1つの辞書でぴったりした語義が見つからなくても、別の辞書では、ぴったり来る語義が見つかる場合がある。一方では掲載されていなかった成句を見つけることができるかもしれない。同程度レベルの辞書で見つからなければ、さらに大きい辞書を見ていただきたい。
　2つ目は、訳語が自然な日本語のコロケーションになっていることを常に意識していただきたい。「風邪を発展させる」では不自然であるが、「風邪をひく、こじらせる」なら自然である。
　3点目は、1つ1つの単語の意味がはっきりしているのに、全体の意味がぼんやりしてしまう時は、「不透明な表現」、つまり、成句かイディオムの類ではないか、と疑っていただきたい。多くの辞書では、成句は、語義ごとではなく、その見出し語項目の最後にまとめて掲載されている。あるいは、電子辞書を使って「drive&wall」のように複数単語を入力して成句検索すると、そうした語を含む成句が簡単に見つかる。
　4点目は、英英辞典の語義を参照してみることである。日本語訳に行き詰った時、英語の定義から考えると、解決策が見つかることがある。

3.3
初級英英辞典で始める英英スキマ引き

最近の学習用電子辞書ならば，英英辞典がまず間違いなく収録されている。書店にも，英英辞典が数種類置かれているはずだ。しかし，そうした英英辞典を眠らせたままにしている人，英英辞典に入門したいと思いながら躊躇している人も多いはずだ。ここでは，そうした人のために，英英辞典入門法を考えてみよう。

❈ Big 4だけが英英じゃない

外国人向け英英学習辞典には Big 4と呼ばれる4強がある。いずれも上級学習英英辞典で，以下の4冊である。

・*Longman Dictionary of Contemporary English*（*LDOCE*）
・*Oxford Advanced Learner's Dictionary*（*OALD*）
・*Collins COBUILD Advanced Learner's English Dictionary*
・*Cambridge Advanced Learner's Dictionary*

いずれも見出し語10万語以上で，用例やコロケーションを多数収録しており，書籍のみのものと，パソコンにインストールするCD-ROMがついてくるものとがある。電子辞書に収録されているのは，だいたいが *LDOCE* か *OALD* である。

しかし，英英辞典に入門しようとする人が，いきなり上級辞書から始めるのは勧められない。なぜなら，英英入門期においては，それに応じた活用方法があり，そのためにはむしろ，情報が厳選された，初級辞書の方が使い勝手がいいからである。

そこで，英英辞典を活用したい人は，まずは，書籍版の初級英英辞典を入手し，以下の活用法を試してほしい。そこで活用したいのは，たとえば以下のような辞書である。

- *Oxford Student's Dictionary of English*
- *Oxford Wordpower Dictionary*
- *Longman Active Study Dictionary*
- *Longman Wordwise Dictionary*
- *Longman Study Dictionary of American English*（米語中心）
- *Cambridge Learner's Dictionary*
- *Random House Webster's Basic Dictionary of American English*（米語中心）
- *Heinle's Basic Newbury House Dictionary of American English*（米語中心）
- *Collins COBUILD New Student's Dictionary*

いずれも見出し語数3万語前後（上級辞書の3分の1程度）で，定価2000～3000円台（上級辞典の半分から6割程度），上級辞典より小ぶりで薄く，文字も余白も大きいので，店頭でもすぐわかるはずだ。

※ 引いても理解できない？

最近では，大学入試問題においても，「傘」や「自動販売機」を英語で説明せよ，というような問題が出るようになった。これは文部科学省の『学習指導要領』が述べる英語のコミュニケーション能力の向上を念頭に，事物を英語で説明することを求めているわけである。もちろん，入試問題に限らず，こうした説明・定義能力を身に付けておけば，特定の単語を知らなくても，説明することでコミュニケーションを進められるなど，利点は多い。

問題はその練習方法であるが，「意味をすでに知っている単語の英英定義を見る」というのが，遠回りのようで実は効果的である。これが本節で提言する「英英辞典のスキマ引き」の要である。ここでいう「スキマ」とは，背景知識を意味する「スキーマ（schema）」と，「隙間」時間に気軽に活用できるということを掛けた言葉である。

では，具体的に，高校教科書に出てきた次の文を見ていただきたい。

> Some people keep birds, and others keep turtles and snakes as their pets. (ペットとして鳥を飼う人もいるし，亀や蛇を飼う人もいる)

turtles が少し難しいかもしれないが，英和辞典を見れば，これが「亀」だとすぐわかる。そこで，ここでは意味をすでに知っている，あるいは，今，英和で調べた turtle（亀）を英英辞典で引いてみる。

> **turtle**: an animal with four legs and a hard shell that lives mainly in water　　　　　　　　　　　　　　　（*Cambridge Learner's Dictionary*）

何のことはない，4つの足と堅い殻を持って，水中に住む動物と説明していることがわかるはずだ。日本語では「(亀の) 甲羅」なんて難しい語を使うが，英語では，貝と同じく shell といっておけばよさそうだという発見がある。別の辞書を引いてみたい。

> **turtle**: a reptile with a thick shell that lives in the sea
> 　　　　　　　　　　　　　　　（*Oxford Student's Dictionary*）

こちらは多少手ごわくて，いきなり reptile という単語が出てくる。でも，辞書を引かなくても，ある程度意味が想像できないだろうか？　先ほどの辞書では，亀のことを「動物」といっていたけれど，今回は reptile といっている。ならば，常識を働かせて亀はどういう動物だったかというと…。こうして考えて，これが「ハ虫類」だろうと想像できれば大正解である。先ほどと同じく，「甲羅」は shell と呼んでいることも再確認できる。

では，亀の甲羅が shell ならば，陸にいる「カタツムリ」の殻はどうなんだろうか？　というような疑問を持ったらしめたもの，さっそ

辞書を活かすのは検索スキル次第　87

く英英で調べてみたい。といっても，もし「カタツムリ」を表す英語を知らなければ，これは迷わず和英辞典を見よう。すると，snailだとわかるだろうから，これを英英辞典で引いてみよう。

> **snail**: a type of animal with a soft body and no legs that is covered by a shell. Snails move very slowly.
> （*Oxford Wordpower Dictionary*）

やはり，カタツムリの殻も shell でいいことがわかる。「軟体動物」などというと難解そうだが，animal with a soft body といえばいいこともわかる。別の辞書はどうだろうか。

> **snail**: a small, soft animal with a hard shell, noted for its slowness
> （*Basic Newbury Dictionary*）

ここでも，カタツムリの殻を a hard shell としていることがわかる。おまけに「動きがのろいので知られている（noted for its slowness）」なんていう表現もわかる。人間にも流用できそうである。

　どうだろうか。意外に英英定義もわかりやすいと感じたはずだ。これは，初級英英辞典のやさしい定義を使ったことに加えて，すでに知っている単語の定義を見たため，そこに書かれている定義の内容をすでにほとんど理解していることに起因する。このように，見出し語に関する背景知識（スキーマ）を活性化してその英英定義にあたるのがスキマ引きのポイントなのである。

※ 中身を想像してみよう

　これを少し応用すると，どんな単語の定義にどんな表現が入っているかを想像し，それを検証することができる。たとえば，ゾウの長くて立派な「牙」のことを英語で何というのだろうか。それも，和英辞典ではなく英英辞典で調べるにはどうしたらいいだろうか？そ

う，ずばり，「ゾウ（elephant）」の英英定義を見てみるのである。そこに，ゾウの特徴として，「牙」のことが書かれている可能性は高いはずだ。さっそく見てみよう。

> **elephant**: a very large mammal having a long trunk and large tusks living in Africa and India　　　　　　　　　　（*Webster's Basic Dictionary*）

trunk と tusks のいずれかがそうらしいことがわかる。前者は単数形で long がついており，後者は複数形であるから，a long trunk が「長い鼻」，tusks が「牙」だろうと想像できる。果たして，英和を見るとその通りだとわかる。以下の辞書なら，さらに親切な書き方になっている。

> **elephant**: a very large gray animal with big ears, a TRUNK（= a long nose that it can use to pick things up）, and TUSKS（= long teeth）
> 　　　　　　　　　　（*Longman Study Dictionary*）

先ほどの辞書同様，trunk と tusks が出てくるが，それぞれ括弧を使ってちゃんと説明してくれるので理解しやすい。ちなみに，この単語が大文字になっているのは，「この単語は，本来，この辞書の定義で使うやさしい単語のレベルを超えているので注意」ということであり，そのためにさらに説明してあるわけだ。これで多くの場合，二度引きを避けることができる。

同様に，「釘」を忘れたら，何を英英辞典で調べるといいだろう？ 実は，hammer（金づち）の定義を見ると，「釘」にもちゃんと言及しているからチェックが可能である。

> **hammer**: a tool with a heavy metal part at the top that you use to hit nails into something　　　　　　　　　　（*Cambridge Learner's Dictionary*）

ここから nails が入手できるだけではなく,「釘を A に打ち付ける (hit nails into A)」というコロケーションもわかる。たとえ今まで「釘＝ nail」というのを知らなくても, この定義からそうだとわかるのは,「金づち」が打ち込むのだから「釘」しかないということを, 背景知識 (スキーマ) として誰もが持っているからである。これが, 英英辞典スキマ引きの便利なところである。

　もう1つ,「楕円形」の英語はどうだろう？ 楕円形のものを片っ端から見ていけばいいわけである。「レモン」「ラグビーボール (あるいはそれを使う「ラグビー」)」等いろいろありそうである。

---

lemon: an oval, yellow fruit that has sour juice
　　　　　　　　　　　　　　（*Cambridge Learner's Dictionary*）
rugby: a form of football that is played by two teams of 13 or 15 players with an oval ball that can be carried, kicked or thrown
　　　　　　　　　　　　　　（*Oxford Student's Dictionary*）

　いずれにおいても, oval という単語が怪しい。で, 英和辞典を見ると確かに「楕円形 (の)」を意味する名詞・形容詞であることがわかる。

※ パラフレーズして覚えよう

　先ほどの例では, やはり oval という単語は難しく, スキマ引きでも「楕円の」と推測することに自信がない人も多いかもしれない。そうすると, 英英定義にある難しい単語を, もう一度調べないといけないことになる。このように, 定義を見てもすぐピンとこないことがあると, 結局辞書引きがいやになるという悪循環になりそうだ。

　そうした場合は, 確かに手間がかかるようだが, 英英定義の未知語を英和辞典で調べた上で, 再度, 英英辞典でその定義を見てみることを勧めたい。英和辞典で意味を調べたものを, なぜ, 英英辞典で二度引きするのかと思うかもしれない。その理由は, 未知語は従

来の単語の知識と関連付けて覚えた方が,定着率が高いことがわかっているからである。さらに,英英辞典でその説明を見ることで,たとえその単語自体を忘れても,他の語で言い換えることができるという利点もある。これは「パラフレーズ」といわれる技能である。

たとえば,先ほど出た oval（楕円形（の））であるが,これを英英辞典で調べると,次のようになっている。

---

oval: shaped like an egg; a shape like that of an egg
（*Oxford Wordpower Dictionary*）
oval: egg-shaped　　　　　　　　　　（*Webster's Basic Dictionary*）

何のことはない,「卵型（の）」といえばいいわけである。an oval fruit ならば a fruit shaped like an egg / an egg-shaped fruit といえばいいわけだ。これならば,たとえ oval を忘れても,それを表現することができるはずだ。

それでは,次の文の hatch はどう定義できるだろうか。

He put a ring around the leg of the chicks to mark the year when they *hatched*.

英和を見れば,chick(s) は「ヒヨコ」,hatch は「孵化する」だとわかる。つまり,上例は「どの年に生まれたかを示すために,ヒヨコの足にリングをつけた」ということである。さらに,chick と hatch を英英辞典で調べると,そのパラフレーズは驚くほど簡単なことがわかる。

---

chick: a baby bird, especially a young chicken
（*Oxford Wordpower Dictionary*）
hatch: to come out of an egg　　　（*Oxford Student's Dictionary*）

このように，単語数を増強するのと平行して，そのパラフレーズ方法を英英定義から確認しておくと，コミュニケーションをする上で，ずいぶんと役立つ技能を身に付けることができる。
　よって，こうした方法で，まず，ここで紹介したような初級英英辞典を使い込んでみていただきたい。そこで十分に「英英辞書力」をつけてから，上級英英辞典に移行するのがいいだろう。

3.4
スキマ引きで「気づき」体験

　携帯サイズの電子辞書にも標準搭載されることが多くなった英英辞典であるが，おまけ扱いするなんてもったいない。前項で見たスキマ引きがわかってくると，どんどん英英辞典の楽しみが増えるはずである。

✳︎ 恩師の辞書は学習英英辞典
　筆者の英英辞典に対する見方が180度変わったのは，大学で恩師・金子稔先生に出会ってからである。先生が授業に持ってくるのは，*Oxford Advanced Learner's Dictionary of English*，略して *OALD* という，外国人向け上級学習辞典だった。英文法の先生は英和辞典を持ってきていたし，英文学の先生は，*Concise Oxford Dictionary*，略して *COD* という，ネイティブ向け辞書を指して「英語で食っていくには，*COD* ぐらい引けるようにならなくちゃいかん，まずは *COD*！」とおっしゃっていたのである。

　そんな中で，金子先生ひとりが，外国人向け学習英英辞典を熱心に使っておられた。先生は辞書活用を得々と説明するわけではなかったが，持参する辞書そのものが圧倒的な存在感だった。何せ，辞書を引く小口の指の当たる箇所が，墨でも塗ったかと思わせるほど真っ黒になっている。そして，それを引く姿がまた決まっていた。辞書を引く姿を「かっこいい！」と思わせる人は，そうはいない。

　私もまねをして，授業には英英辞典を持参するようになったが，私が小口に，引きやすいようにと ABC を書いてあるのを見て，先生はポツリとおっしゃった。

　「磐崎君，辞書は，目をつぶって引いても，引きたいページが出てくるようにしなくちゃいかんね。」

辞書を活かすのは検索スキル次第　93

※ 英英辞典を引く「快感」

　金子先生がなぜ学習英英辞典を中心に使っておられたかというと，英語表現と日本人の発信能力向上に関心を持っておられた先生は，学習英英辞典の定義自体こそが日本人の表現力に大きく寄与すると考えておられたからである。それには，ネイティブ向け辞書よりも，外国人向け辞書にこそ，日本人が手本とすべき表現が多く発見できると考えていたのである。

　インターネットなどない時代，辞書だけではなく，本や雑誌を読み，ラジオやテレビの放送英語なども熱心にメモを取りながら傾聴し，表現を収集されていた先生であるが，その中心にあるのが，学習英英辞典というツールであった。

　英作文で学生がおかしな表現をしても，それを頭から否定したり訂正するのではなく，「英英辞典のこんな定義を見たら参考になる表現がある」といったアドバイスを常にしてくれた。

　それ以来，私もことあるごとに英英辞典を引き，ますますその有用性を確信するようになった。そして，師の精神を後世に残すべく，一気に書き上げて出版したのが『正・続　英英辞典活用マニュアル』（大修館書店）という2冊の本だった。

　であるから，私のスタンスの出発点は，英英辞典を見て，ああ，これはこんなふうにいえるんだ！という，小さな感動を覚える快感である。いわば，英英辞典における「気づき（noticing）」，あるいは「アハ体験（aha experience）」が基本といえる。

　そのためには，まずは知っている単語を引いてみる（＝スキマ引き），そして，その上で知らない単語も引いてみることである。知っている単語を引くと，意味する内容の概略を知っているわけであるから，それと辞書の定義表現を比べて，うまく一致するところ，ズレがあるところを知ることができる。こうした，パラレルなアプローチが簡単にできてしまうのが英英辞典の面白いところである。

※ まずは気軽に身の回りの表現を引いてみよう

であるから，英英辞典は，電子辞書であれ，印刷辞書であれ，ぜひ手元に置いて，ことあるごとに引き，単語の意味を知ると同時に，そこにある英語表現に学ぶというスタンスを取ると，活用の機会がぐっと増える。

高尚に考える必要はなく，何気ない，日常表現を英英辞典で確認してみるといいだろう。では，いくつか実例を見てみよう。

映画のある場面で，食事に誘われた女性が "Can I take a *rain check* on that?" といっていた。字幕は「また，今度お願いできるかしら？」となっている。さて，この rain check とは何だろう？英和辞典を見ると，rain check は「雨天順延券」とある。さっそく，英英辞典でも調べてみる。

> **rain check**: a ticket that can be used later if a game, show, etc. is cancelled because of rain
>
> (*Oxford Advanced Learner's Dictionary*)

なるほど，「雨のために試合が中止になったため，後日使えるチケット」だとわかる。注目したいのは，その英語自体である。ここでは「(Aが) 雨天中止になる」という内容を，A is cancelled because of rain / cancel A because of rain といえることがわかる。ちょっとした表現であるが，「中止になる」などというと，stop などは出てきても，cancel が出てこないことも多い。

さらに，同辞書には，続けてこんなことも書いてある。

> **take a rain check** (**on sth**): to refuse an offer or invitation but say that you might accept it later (*OALD*)

要するに，雨天順延の場合を比ゆ的に使って，「今回はお誘いにご一緒できないけど，次は行けるかもしれないので，また声をかけて

辞書を活かすのは検索スキル次第 95

くださいね」ということである。映画でセリフとして使われていたのは、この成句だったのだ。

この表現から、その意味だけではなく、以下のようなコロケーションも入手できる点に注目しておこう。

refuse an offer / invitation（申し出／誘いを断る）
accept an offer / invitation（申し出／誘いを受ける）

このように、意味を理解した英英定義からは、同時に役立つ表現を入手できる。

※ 気をつけたい語義の広がり

We became *intimate*. の intimate はどうだろう。英和辞典で調べると、「親密な」とある。ああ、いい友達になったんだな、ということがわかったら、それは英英定義ではどう説明するのかを見よう。

> **intimate**: ［friends］having an extremely close relationship
> 　　　　　　　　　　　　　　（*Longman Advanced American Dictionary*）

この辞書定義の冒頭にある［friends］というのは、signpost（標識）と呼ばれるもので、語義を早く見つける見出しの役目をしている。語義の見出しのようなものといえる。すると、ここから「親密な間柄である」というのは、言い換えると have a close relationship といえるんだなとわかる。

でも、ちょっと待っていただきたい。その下に、別の語義がある。

> **intimate**: ［sexual］physically very close and personal, especially in an sexual way　　　　　（*Longman Advanced American Dictionary*）

ここに出てくる in a sexual way ということは、sexually ということである。要するに性的関係を持つほど「親密な」関係の場合にもこの

intimate が使われることになる。あらためて，英和辞典を見ると「男性の発言の場合は性的関係を連想させる」(『プラクティカル・ジーニアス英和辞典』) とあることを知る。ならば，女性も含めて，close や friendly の代わりに intimate を使うのは，慎重にすべき，というより，避けた方がよさそうである。こんなことも，辞書から知ることができる。

❋ 用例補足はインターネットで

もう1つ，電車内で小さな英英辞典 *Longman Handy Learner's Dictionary* を引いていた時のこと。middle aged spread という見出しが目に飛び込んで来た。ひょっとして「中年太り」のことか？と思いながら定義を見ると，その通り。

> **middle aged spread**: increase of flesh round the waist which tends to happen as people grow older

今でこそ，『ジーニアス英和大辞典』にも載っているが，こんな小さな辞書でありながら，これを見出しにしたのは，この辞書ぐらいのものである (その後発売されたロングマンの小型辞書には載っていない)。

そして，こんな短い定義からでも，「ウェストについた贅肉」というのは flesh (fresh に非ず！) round the waist といえることがわかる。

ちなみに，同辞書にはこの表現についての用例はないが，インターネット等で検索してみると，次のような動詞と共に使われるコロケーションが見つかる。

develop middle aged spread (中年太りになる)
avoid middle aged spread (中年太りにならないようにする)
reduce middle aged spread (中年太りを減らしていく)
stop middle aged spread (中年太りを止める)

このように，辞書に用例がない場合は，インターネットで確認すると，用法がさらに詳しくわかる。英英辞典で英英定義を読み，インターネットで補足する。これが新しい語彙勉強法であろう。

※ 英英辞典を持って町に出よう

電子辞書に標準的に搭載されるようになったことで，英英辞典の持ち運びはごく簡単になった。でも，余裕があるならば，比較的小さい書籍版英英辞典を手元において参照するといいだろう。チェック項目にマーカーで印をつけることもできるし，上で見たように，インターネットで補足した情報も書き込んでおける。

ぜひ，こうした方法で，英英辞典を身近な存在にしてみていただきたい。

3.5
なぜ定義中の知らない単語の意味がわかるのか？

英英辞典は定義が英語なので，そこに知らない単語があると，またその単語の意味を調べないといけない。でも，スキマ引きなら，知らない単語でも意味を推測できるのである。

※ 英英定義における知らない単語

定義が英語である英英辞典を使うことは，多量の英文に触れることになり，語彙力が向上することが期待される。反面，辞書を引く側にとっては，定義が英語では難解な語や構造が含まれ，意味がわからないのでは，という心配がつきまとう。

しかし，これまで見てきた「英英辞典のスキマ引き」ならば，実は，この問題はかなりの部分が解決できる。例を使って体験してみよう。以下は英英辞典 *Oxford Advanced Learner's Dictionary* の定義をほぼそのまま載せたものである。辞書を引かずに，下線単語の意味が何だかわかるだろうか？ 加えて，全体がどの単語の定義か推測できるだろうか？

(1) an insect belonging to the beetle family that glows in the dark
(2) any of the thin plates of hard material covering the skin of many fish and reptiles
(3) a large round container with a lid which people put their rubbish in and which is usually kept outside their house
(4) someone who betrays their country or the group which they belong to
(5) a false head of hair worn to cover someone's own hair or to hide their baldness

(*Oxford Advanced Learner's Dictionary*)

「知っていた単語は別として、やっぱり、下線の単語の意味は全くわからない。何の定義かもわからない」と思った方へ。その感覚は全く正しい。普通、ほとんど意味の推測はできないはずだ。

実は、多くの研究結果から、英文テキストにおいて、そのうち知っている単語が95%から98%はないと、残りの未知語の意味をうまく推測できないといわれている。

これでいくと、たとえば(1)の定義は、単語が12個しかなく、その中で知らない単語が1つあるので、未知語の比率は8%を超えてしまう。確かに、これだけの文脈から意味を想像するのは、難しいはずである。当然、難しい単語が入っている定義は、全体で何を指しているかを想像するのは、もっと難しくなる。

実際、筆者の調査では、大学生でも、上のような短い文脈から下線語の意味を推測できた人は、1割から3割程度に過ぎない。

「だから、英英辞典を使うのは無理！」…そうはならない。次の方式を試してもらいたい。

※ トップダウン方式を使うと激変

では、今度は、上記定義に対して、これらがどの見出し語の定義なのかを提示したい。これを見た上で、もう一度同じ英文の下線単語の意味を推測していただきたい（見出し語の訳語は筆者が追加）。

(1) firefly（ホタル）：an insect belonging to the beetle family that glows in the dark
(2) scale（うろこ）：any of the thin plates of hard material covering the skin of many fish and reptiles
(3) dustbin（ごみ箱）：a large round container with a lid which people put their rubbish in and which is usually kept outside their house
(4) traitor（裏切者）：someone who betrays their country or the group which they belong to
(5) wig（かつら）：a false head of hair worn to cover someone's own hair

  or to hide their <u>baldness</u>　　　(*Oxford Advanced Learner's Dictionary*)

　どうだろうか。最初わからなかった単語の意味が，はっきりとわかるようになったのではないだろうか。下線語の意味はそれぞれ以下のようになる。

(1) glows（光る）
(2) reptiles（ハ虫類）
(3) rubbish（ゴミ）（＊dustbin, rubbish ともイギリス英語；米語では，それぞれ garbage can, garbage）
(4) betrays（〜を裏切る）
(5) baldness（はげ）

　最初の場合と比べると，今度は，劇的に正しく意味が推測できるようになったはずである。筆者が行なった大学生の調査でも，当初，1〜3割程度の正しい推測率であったのが，見出し語を提示することで，こうした未知語の正答率は8割前後にアップする。

※ なぜ正しく推測できるようになるのか？

　では，なぜこのように，見出し語を提示することで，定義中の未知語の意味を正しく推測できるようになったのだろうか。

　これは，見出し語を目にすることで，その概念の内容や一般常識が活性化され，状況が限定されるからである。たとえば，(1)において，昆虫が暗闇（darkness）で行うことは無数に存在する。しかし，これがホタルの定義となれば，「glow =（おしりが）光る」ことだと無理なくわかる。(5)にしても，「隠す（hide）」ことはたくさんあるだろうが，「かつら」に限定していえば，「baldness = はげ（の状態）」を隠すのだと想像できる。

　こうした作業を，英語学習では「意識の活性化」と呼んだりする。知っている見出し語概念が活性化された上で，その定義を読むと，その既知概念（＝スキーマ）と照らし合わせることで，定義という英

文の解釈プロセスが直線的になり，見知らぬ単語が多少あっても的確に意味推測が可能になる。これが，本章で推奨してきた「スキマ引き」の中身である。

※ 学習をする上でのヒントは？

このことは，実際の英語学習について何を示唆しているのだろうか？ 特に，見出し語の意味がわからないから，英英定義で意味を調べようとしているのに，見出し語の意味がわかっていたら，定義もわかりやすい，なんていうのは，全くナンセンスなのでは？

そう感じるのも無理はない。だからこそ，発想の転換が必要なのである。これまで見たように，英英辞典を使っていると，外国人向け辞書でも，よくわからない定義表現が出てくることがある。このために，見出し語の意味がわからず，結局英英辞典が本棚の肥やしになったり，押されないボタン（電子辞書メニューの場合）になってしまうことが多々見られる。

そこで，少なくとも英英辞典の初・中級者ユーザーは，知らない単語の意味は英和辞典で調べ，その上で，英英定義を見てみることにするのである。つまり，英英定義から見出し語は何を意味するんだろう，と推測するのではなく，すでに知っている概念は，英語でどうやって表現できるのだろう，という発想で英英辞典を使ってみるのである。

たとえば，tailwind が「追い風」だとわかったとしよう。そこで満足せず，これを英英辞典で調べてみるわけだ。

> **tailwind**: a wind blowing in the same direction that something or someone is travelling　　　　　　　　　　（*Longman Exams Dictionary*）

これが「追い風」の定義だとわかっているので，少々 blow があやふやでも，a wind とつながっていることから「（風が）吹く」ことだとわかる。さらに，この the same direction that ... の構造を流用すれ

ば，headwind（向かい風）という単語を知らなくても，これを説明できてしまう。same direction を opposite direction に変換して，The wind was blowing in the opposite direction that we were going.（進行方向とは逆に風が吹いていた）と表現すればいいわけだ。

あるいは，locksmith が「錠前屋」だとわかったら，こちらも早速英英でも調べよう。

---

locksmith: a person whose job is making, fitting and repairing locks
(*Oxford Advanced Learner's Dictionary*)

簡単なようで，make locks（錠を作る），fit locks（錠を取り付ける），repair locks（錠を直す）という3つのコロケーションが難なく入手できる。英和辞典の lock を見ても，「錠」の語義でこれほどの用例はまずない。もちろん，職業を紹介する場合の a person whose job is ... という型も，いろいろな場面でリサイクル可能である。

このように，引け目を感じることなく，知っている単語，いったん英和辞典で意味を調べた単語を，英英で調べ直してみたい。語彙力，特に発信語彙増強に役立つことを保証する。

英英辞典はスキマ引き。これを覚えておいてほしい。

3.6
印刷辞書と電子辞書の違いを知る

　印刷辞書を駆逐しそうな勢いの電子辞書であるが，それぞれの特徴を組み合わせることで，効果的な英語学習が可能である。ここでは両者の棲み分けを見ておこう。

※ 印刷辞書 vs. 電子辞書の実験

　現在，電子辞書は，各種学校でも急速な普及を見せ，教室で使っている辞書が全て電子辞書という場合も稀ではない。その一方で，電子辞書禁止，というケースもある。

　それぞれの指導者が一定のポリシーに基づいてそうした方針を立てているわけであるが，それが正しいかどうかについては，やはり実証的研究に頼る必要がある。では，そうした研究成果はどうなっているのだろうか。実際，電子辞書と印刷辞書使用の効果についての研究は，どんどん増えてきている。その一端を紹介すると，たとえば，以下のようなものがある。

○未知語に対して，電子辞書と印刷辞書を引いた場合，求める語義に至る時間はどちらが早いか（単独語の検索時間の比較）
○2語以上からなる表現に対して，電子辞書と印刷辞書を引いた場合，その語義に至る時間はどちらが早いか（コロケーションや成句の検索時間の比較）
○長い項目の下の方にある低頻度語義を調べさせる問題を与えると，印刷辞書と電子辞書ではどちらが求める語義に到達しやすいか（情報の一覧性の比較）
○電子辞書と印刷辞書を使って未知語を調べた場合，1週間後にどちらの場合が記憶に残りやすいか（記憶保持の比較）

こうした疑問点に対して，実験が多数実施されているのだが，その結果はどうであろうか？残念ながら，差がはっきり出なかったり，相反する結果が報告されるなど，決定的な効果の差は出ていないというのが実情である。その背景には，学習者の協力を得て長期に渡る実験がしづらいこと，学習条件（辞書の種類など）を統制することが難しいこと，実験に用いる電子辞書の機能・操作方法について慣れ親しんでいないこと，などがある。よって，確固たる結論を出すには，さらなる調査と時間が必要である。

✤ 印刷辞書の「おまけ発見」
　しかし，実験結果ではうまく出なかったとしても，印刷辞書と電子辞書のそれぞれの利点について理解することはできる。
　まず，印刷辞書については，何といっても，見出し語の項目全体を見渡せることが大きい。たとえば，次の文を見てみたい。

Most people called the project's necessity into question.

　一見簡単なようだが，わかりにくい。知っているはずの call や question の意味がうまく取れない。「質問した」ということだろうか？
　では，question を引いてみよう。『ウィズダム英和辞典』を見ると，question は 2 ページ 3 コラムに渡って説明されている，長い項目だとわかる。つまり，それだけ語義・用法が豊富な語だということだ。ざっと見渡すと名詞と動詞の両用法があるのもわかる。上例では，前置詞 into の後ろに来ているので名詞である。名詞の例文として，Could you please answer my *question*? が載っている（ただし，˟answer to my question とはいわないとの注記もある）。動詞ならば，*question* the old man（老人に尋ねる）のように使えることがわかる。
　call とのつながりは，各品詞の最後にまとめて出ている成句の箇所に見つかる。ある表現が成句かどうかは，個別に判断しなくてはいけないが，2つ以上の単語が密接に結びついていると考えられる場合には成句欄にも目を通す癖をつけておけばよいだろう。今回の

場合は，以下のように説明されている。

> call [throw, bring] A into question A＜事＞を問題［疑問］視する
> 　　　　　　　　　　　　　　　　　　　　　　　（『ウィズダム英和辞典』）

　つまり，先ほどの例は「質問した」のではなく，「ほとんどの人は，その計画の必要性を疑問視した」だとわかる。予想とかなり違っていることがわかる。必要に応じて，この成句にマーカーで線を引いておけばよいだろう。さらに，印刷辞書ならば，後続する見出し語 questionable（疑わしい）や questionnaire（アンケート用紙；/クェスチョネア/と発音）などにもすぐ目がいくだろう。
　このように，一覧性とは「おまけ情報」にも目がいきやすいということである。これを辞書引きの「セレンディピティ(serendipity, 偶然の発見)」と呼んでおこう。こうした発見・観察によって，見出し語の知識を深めたり，意味のネットワークと呼ばれる，単語のグループ化を，無意識的に促進することができる。

✼ ピンポイント検索は電子辞書

　その点，電子辞書は「ピンポイント検索」が得意である。つまり，ある表現が辞書にあるかどうか，あるならばどこにあるかを瞬時に提示してくれる。たとえば，セイコーインスツル社やカシオ社の英語学習モデルならば，「成句検索」「例文検索」をサポートしている。そこで call&question と 2 語を「＆」でつなげて＆検索すると，手元の機種では，それぞれ 6 例，39 例がヒットする。

> call O in [into] question ＜事＞に疑義をさしはさむ，異議を唱える
> I call the motion in [into] question.（動議に異議がある）
> 　　　　　　　　　　　　　　　　　　　　　　（『ジーニアス英和大辞典』）

　実際には，『ジーニアス』だけではなく，他の英和辞典，和英辞典，

英英辞典，コロケーション辞典からもヒットしている。2語以上からなる表現を調べるなら，複数辞書を横断する，電子辞書の例文・成句検索は超強力であることがわかるだろう。

　逆にいうと，電子辞書を引くならば，1つの単語で引くよりも，例文・成句検索機能を使って，2語以上を＆入力して検索をするのが求める情報に達する近道である。以下の例も見てみたい。

The company appropriated the funds for that campaign.

「適切な」という形容詞の意味で知っていた appropriate であるが，ここでは -ed になっているので動詞と考えられる。ならば動詞の項を見てもいいのだが，せっかく appropriated the funds と表現されているのだから，例文・成句検索で appropriate&fund と入力し＆検索してみよう。機種によっては，例文検索で10個以上のヒットがあるはずだ。2例引用しよう。

Congress appropriated funds for education.（議会は教育予算の支出を決めた，　　　　　　　　　　　　　　（『ジーニアス英和大辞典』）
appropriate funds for [to] space research（宇宙開発のために予算を割り当てる，　　　　　　　　　　　　　　　（『英和活用大辞典』）

　ここから，先ほどの例は，「その会社はキャンペーンにその予算を割り当てた」だとわかる。appropriate と fund のそれぞれの語義を，1つずつ突合せながら調べるのとは雲泥の差なのがわかるだろう。

※印刷辞書を活用しないのはもったいない！

　このように，徹底した検索の利便性については，勝負にならない。それでもなお，印刷辞書が優位に立っている点はいくつかある。

　その1つは，紙というメディアが，感性に訴える力を持っている点である。上で述べた一覧性に加えて，紙をめくる，マーカーを引く，メモをする，ページにシワがつく，こうした付随的行為が記憶

に貢献することはある程度知られている。むしろ，われわれが感じている以上に，語学学習ではそれが重要である可能性がある。

　実際，そうした手作業を中心に据えた，ユーザー参加型辞書も存在する。書き込み式を宣言する『マイ・ディクショナリー』（小学館）がそれである。これには見出し語とその語義など，最低限の情報しか入っていない。たとえば firework ならば「花火，（fireworks で）花火大会」といった，最低限の語義情報しかない。代わりに，その右にはメモ欄が用意され，ユーザーが観察したことを自由にメモできるようになっている。たとえば，It is an offence to let fireworks off between 11 pm and 7 am.（午後11時から午前7時までに花火を打ち上げるのは違法行為である）という掲示に遭遇したら，このメモ欄に，この文全部，あるいは let fireworks off（花火を打ち上げる）というコロケーションをメモするわけである。

　もちろん，普通の辞書の余白にも書き込めるが，本辞書は，コロンブスの卵的発想で，自ら「未完成辞書ですよ」と宣言することで，ユーザーの書き込みを強烈にアピールし，自らメモノートを兼ねながら，語彙力強化を促しているのである。これは，印刷辞書の感性への訴えを最大限に利用したものといえるだろう。メイン辞書にはならないが，英語学習態度を見直すきっかけとなり得る辞書である。

　もう1つは，電子化される辞書の種類は，販売との関連でどうしても制限が出てくる点である。その意味で，バラエティがあるのが印刷辞書である。たとえば，中学まであまり辞書を引かず，高校生になっていきなり大英和辞典しか入っていない電子辞書を使うのは無謀であろう。やはり，紙で出ている高校生向け初級辞書をまず使っていただきたい。特に，発音記号がわからず英語嫌いになることが多いので，発音をカナでも表記してある『アルファ・フェイバリット英和辞典』『ベーシック・ジーニアス英和辞典』『エースクラウン英和辞典』といった高校生向け初級辞典がいいだろう。

　実際，語彙情報については，必ずしも大は小を兼ねない。たとえば，want や know といった「状態動詞」は，通例進行形にならない。

「私の犬は水を欲しがっている」は「〜している」と表記していても，進行形にしないで My dog wants some water. で OK である。でも，これが中・上級辞書になると，「want や know が進行形になる場合」という，いわば例外的な説明に多数の行が割かれ，初級者にとっては重要な「進行形にする必要はない」という大原則が，他の情報に埋もれてしまうのである。逆に，実力が上がったり，社会人になって語彙不足を感じるようになったら，中・上級辞書を買い足すとよいだろう。以下の辞書はそうした代表例である。

◯『ジーニアス英和辞典』（大修館書店）：用例／コロケーションに強い，英和辞典の代表的存在；電子辞書にも多数搭載されているので，連携を考える人には利用しやすい；上級向け。
◯『ウィズダム英和辞典』（三省堂）：誕生時から徹底したコーパス主義で，詳しい情報がある反面，文型には put A into B のように ABC 表示を使うなど，ユーザーにやさしい工夫も多い；上級向け。
◯『オーレックス英和辞典』（旺文社）：コーパスだけによるのではなく，プラネットボードと呼ばれる，ネイティブの意見を統合した説明や，コミュニケーション用の会話フレーズに強いのが特徴。上級向け。
◯『ルミナス英和辞典』（研究社）：語義の的確さと用例／コロケーションの豊富さと見やすさには定評がある辞書。会話や作文に役立つ「ミニ語彙欄」や，各種コーパスを利用した「コーパス・キーワード」欄なども有用だ。
◯『ロングマン英和辞典』（桐原書店）：日本語コーパスも利用して，訳語の多くを見直し，例文も日本人向けに再編集している。同社の英英辞典の焼き直しではない；中級向け。
◯『ユースプログレッシブ英和辞典』（小学館）：不用意に受け継がれた不自然な英語例・説明を徹底的に改善した辞書；中級向け。

3.7 もっと「例文検索」「成句検索」を使いこなす

電子辞書が学校やお茶の間の定番ツールとなって久しいが、まだまだうまく活用されていないのが、その進歩した検索機能である。前項でも紹介したが、引き続きその検索機能を活用してみよう。

※ 基本は例文検索と成句検索

検索機能の基本中の基本がこの例文・成句検索である。ここでいう成句とは概略以下のようなものである。

(1) put aside（〜を脇に置く）のように動詞＋前置詞／副詞からなる句動詞
(2) lose face（メンツを失う）のように、個々の単語の意味が全体の意味と一致しないイディオム
(3) Do you want a piece of me?（僕に話をしてもらいたいの？）のように、文全体がそのまま慣用的に使われるレキシカル・フレーズと呼ばれる表現

印刷辞書ならば、通常、成句は見出し語項目の最後にまとめて掲載されている。

それに対して例文の方は、見出し語が当該語義で他のどういう語と標準的に使われるか（コロケーション）を示したものである。たとえば、influence（影響）ならば、以下がその用例の1つである。

> Such magazines have a great *influence* on children.
> （そのような雑誌は子どもに大きな影響を与える）
> 　　　　　　　　　　　　　（『プラクティカル・ジーニアス英和辞典』）

例文・成句検索については，電子辞書ではそれぞれの検索窓が別個に用意されている。こうした検索機能を使うのは，1つの単語の意味を調べるというより，2つ以上の単語が組み合わさった時，どういう意味になるのかを確かめる場合である。

　たとえば，She is under the weather today. という文の意味を調べたいとしよう。「彼女は今日，天気の下だ」では意味をなさないから，イディオムのようだ。ならば「成句検索」を使ってみたい。この場合は，「成句検索」窓で under&weather と「&」で結んで入力する。

[成句検索] under&weather

under&the&weather のように，3語以上を & でつなぐこともできる。すると，たとえば『ジーニアス英和大辞典』が入っている電子辞書なら，以下がヒットする。

be[feel] under the weather　1) かげんが悪い，元気がない　2) 少し酔っている；二日酔いである

　次に，I got together with some old friends last night. はどうだろう。get together がポイントのようであるが，成句のようでもあり，そうでないようにも見える。このように迷った場合は，成句検索と例文検索両方で引いてみよう。すると，たとえば『ジーニアス英和大辞典』の成句検索では，get together（集まる）に加えて，get one's stuff together（持ち物をまとめる）など10項目以上ヒットするはずだ。

　さらに，「例文検索」で検索すると，I'm getting together with Ethan tonight. など，こちらも多数のヒットがあるはず。ヒットしている用例は，見出し語が get の場合はもちろん，「用例プラス」（ジーニアス辞書の電子版にのみ追加された用例集）からのヒットも含まれる。

※ 複数辞書での検索も可能

　こうした検索は，複数辞書にまたがって行うことができる。特定辞書だけを引きたい場合は，その辞書を選択してから例文・成句検索に入力する。しかし，複数の収録辞書で検索を行う場合には，たとえばカシオ社とセイコーインスツル社の辞書ならば，以下のような操作を行えばよい。

　　カシオ社：「複数 ABC 検索」ボタン→「成句検索」または「例文検索」を押す
　　セイコーインスツル社：「例文・成句検索」ボタン→「例文検索」または「成句検索」のいずれかを選ぶ

　これによって，収録されている英和辞典・英英辞典・同義語辞典・コロケーション辞典などから，一気に検索することができる。
　このように，複数辞書を横断して検索できると，思わぬ項目や辞書に潜んでいた情報を見つけ出すことができる。たとえば，hypothesis（仮説）という語については，通常大辞典でも用例はほとんどない。しかし，複数辞書検索だと，機種によっては，100項目前後のヒットがある。これによって，どの辞書に収録されていたかを気にすることなく，以下のようなコロケーションが確認できる。

　　confirm a hypothesis（仮説を検証する）——動詞とのつながり
　　hypothesis about 〜（〜についての仮説）——前置詞とのつながり
　　working hypothesis（作業仮説）——形容詞などの修飾語とのつながり

※ 電子辞書活用の要(かなめ)は検索

　この他，最近の電子辞書では，英語での読み上げや，MP3プレーヤとしての機能なども装備されている（MP3フォーマットになっていれば，アメリカ大統領の演説なども聴ける）。しかし，やはり英語モデルとしてみた場合，英和辞典・和英辞典・英英辞典が完備していること，そしてそのコンテンツをフルに，ガラス張りで活用するための例文・成句検索ができる点こそ，注目したいポイントである。

3.8 環境に応じて使い分けたい3種類の電子辞書

電子辞書は駆け足で進化しているが、一口に「電子辞書」といっても複数の形態が存在する。検索スキルとともに、こうした電子辞書の種類に応じた使い分けを考えてみよう。

❈「電子辞書」の種類

「印刷辞書」に対して、デジタル化されているのが「電子辞書」である。これには、大きく分けて、(1)携帯サイズの電子辞書、(2)パソコンインストール型辞書、(3)オンライン辞書の3つがある。

携帯サイズの電子辞書は、バッグに入れて携帯できるタイプで、最近はフルコンテンツの辞書や書籍が軽く50冊以上、機種によっては100種類も入っている。(2)のパソコンインストール型辞書は、通常CD-ROMやDVD-ROMで提供され、パソコンにインストールして使用する。英米の印刷辞書には、CD-ROMが付属するものも多数ある。(3)のオンライン辞書は、インターネット上で検索できる辞書で、有料のものと無料のものがある。

こうした種類の辞書を使い分けながら、うまく辞書検索する方法を紹介してみよう。

❈ 正しい意味をピンポイントで知りたい

辞書の種類に関わらず、知らない単語の意味を、その複数の語義からピンポイントで知らせてくれる辞書があれば、すばらしいことだろう。残念ながら、文脈上ベストの意味を、自動で表示してくれるような辞書はない。しかし、それに準じた検索のコツがある。それが例文・成句検索である。たとえば、次の文を見ていただきたい。

A clock records the *passage* of time.

ここでは，passage の意味がよくわからない。「聖書の一節（passage）」ならわかるが，「時間の一節」とは何だろう？ passage には（ひょっとすると time にも），よく知らない意味があるのだろうか？

実際，passage には7個ほどの，time には10個以上の語義がある。すると，その組み合わせは実に70通り以上となる。しかし，意味解釈はそのような数学的計算で成り立ってはいない。A という単語がB という単語と結びつくと，自然とそれぞれの意味が固定され，1つの意味になる。

そこで，カシオ社やセイコーインスツル社などの携帯サイズの電子辞書ならば，まず「全辞書検索」（名称は各社によっていろいろ）ボタンを選ぶ。これにより，辞書1冊ではなく，英和・和英・英英辞典など，複数の英語辞書での検索が可能だ。次に，「成句検索」や「例文検索」窓で「passage&time」と入れてみよう（用例か成句かわからない場合，両方で調べてみるといいだろう）。すると，収録辞書にもよるが，『リーダーズ英和辞典』にある the passage of time（時の経過）や，『ジーニアス英和大辞典』の with the passage of time（時がたつにつれて）などがヒットするのがわかるだろう。つまり，先ほどの文は「時計というものは，時の経過を記録するものなのである」という意味だとわかる。次の文ならばどうだろう。

You're grounded for a week.

大学生でも「1週間，土に埋めてやろうか」なんていう，殺人事件並みの迷訳が飛び出すので焦ることがある。このような場合，ground の後に for が来ていることに着目して，やはり「複数辞書検索」から「例文検索」窓に進み，"ground&for" と入力してみよう。これで，ground と for の両方が使われている例文を，英和辞典や英和辞典，英英辞典などほぼ全ての英語のコンテンツから検索できる。結果は，たとえば以下のようなものがヒットする。

> You have no *grounds for* accusing Jill ...
> prepare the *ground for* planting
> You are *grounded for* two weeks
> I'm *grounding* you *for* the weekend if ...

　カシオ製電子辞書ならば，手書きパネルの「センタリング」を押すと，以下のように検索語を中央に配したレイアウトに，瞬時に変更も可能である。

> You have no *grounds for* accusing Jill ...
> 　prepare the *ground for* planting
> 　　　You are *grounded for* two weeks
> 　　　　　I'm *grounding you for* the weekend if ...

　実は，これはコーパス言語学でKWIC形式（Key Word in Context）と呼ばれる高度な表示方法で，これを使うと，検索語と前後の語とのつながりが見やすくなる。

　上例でも，これならgroundが動詞として使われる用例も見つけやすくなる。問題の文に近い最後の2例を選択すると，「2週間外出禁止よ」「週末は外出禁止にするからね」だと教えてくれる。要するに，ground A for Bは「AをBの期間外出禁止にする」という意味だとわかる。

　このように，文脈に応じた意味をピンポイントで見つけるコツは，用例・例文検索を使って，文脈にある2語以上の語を組み合わせて引くことである。このようにすれば，address a questionは「住所」には関係なくて「質問をする」であり，the face of the earthは「地球の顔」ではなく「地球全体」であることが一発でわかるようになる。

※ パソコン用辞書の豊富な機能を活用する

　携帯サイズの電子辞書は大変便利であるが，パソコンで英文を書いたり読んだりする場合，パソコン辞書の併用も考えるといいだろう。特に，英米主要辞書には CD-ROM / DVD-ROM が付属する版が用意されている。書籍だけよりもほんの数百円高いだけなので，一見おまけのように見えるが，これが予想をはるかに超えるパワフルな機能満載なのである。

　たとえば，*Longman Dictionary of Contemporary English*（ピアソン社）に付属する DVD-ROM ソフトをインストールして，試しに以下の文の意味を調べてみよう。

　Neon lights have deprived us of darkness.

　neon lights の部分を一発で調べるには，検索窓に「neon light」と入れて phrase search ボタンを押す。すると，「neon lights / signs」という項目がヒットする。ここから neon lights は「ネオンを使うライト」のことで，日本語でいう「ネオンサイン」だとわかる。また，英語でも neon signs というのは正しい表現だとわかる。

　さらに，この表現には the neon lights of Las Vegas 以下2つの用例があり，こうした用例の読み上げ機能までついている。これまでの電子辞書でも，見出し語自体は読んでくれたが，本辞書ソフトではほとんど全ての用例も読み上げてくれる。単語レベルを超えたフレーズ音調の確認が可能となるわけである。

　次に deprive を引くと，"deprive somebody of something" という表記で deprive A of B という型に注意を向けた上で，その意味 to prevent someone from having something, especially something that they need or should have が表示される。よって，最初の英文は「ネオンサインが私たちから暗闇を奪ってしまった」ということだとわかる。

　これで終わりではない。この項目内に用例が載っているが（もちろん読み上げ可能），さらに知りたい人には，この単語が他の見出し語で出てくる例，あるいは付属の100万語コーパスに入っている用

例まで表示してくれる。たとえば a deprived area（貧民街）が前者の一例である。また，同義語ボタンから，strip（somebody）など9個の同義語との違いも調べることもできる。

このように，パソコンの大きな画面上で，先進のインターフェイスを持つパソコン辞書を使うのは，携帯サイズの電子辞書とは一味違う有用性があるから，ぜひ一度試してみていただきたい。

✳ インターネット上のオンライン辞書の活用

パソコンを使いながら単語を調べるには，パソコンインストール型辞書は大変有用である。ただし，インストール作業なしに，辞書を調べたい場合もあるだろう。そうした場合，インターネット環境さえあれば，オンライン辞書を活用するとよい。

たとえば，『プログレッシブ英和辞典・和英中辞典』（小学館）や『英和中辞典・和英中辞典』『ルミナス英和・和英辞典』（研究社），*Oxford Advanced Learner's Dictionary*（オックスフォード大学出版）や*Longman Dictionary of Contemporary English*（ピアソン社）などは無償で引くことができる。『ウィズダム英和辞典』（三省堂）も，書籍版購入者限定であるが，登録すれば無償で検索できる。

先日も，web上の資料で"Attention, right face, forward march"という表現に出会った。"right face（右の顔？）"って何だろう？手元に辞書がなかったので，オンライン辞書の『英辞郎』（www.alc.co.jp）を引いてみた。この辞書のすばらしいのは，単語でもフレーズでも何でも検索可能な点である。すると，right face は軍隊用語で「右向け右」，forward march も号令で「前進！」だとわかった。同様に，attention も号令の場合は「気をつけ！」である。つまり，ここでは軍隊でよく使われる「気をつけ，右向け右，前進！」という号令表現であることがことがわかった。

このような数々の検索方法を組み合わせて，印刷辞書と電子辞書を併用してみていただきたい。きっと，両者の利点を生かした新しい学習方法が見えてくるはずである。

3.9
オンライン辞書の活用

インターネットにはいろいろなサイトがあるが,これは便利!と実感させてくれるのが,オンライン辞書である。ここでは,前項で触れたオンライン辞書をさらに詳しく見ていこう。

✳ オンライン辞書とは

パソコンで使う辞書にはいろいろあり,身近なものが,『MS Bookshelf』や『ジーニアス英和辞典・和英辞典』のように,パソコンのハードディスクにインストールして使うものである。

これに加えて,インターネットを経由して検索し,インストール作業が全く入らない「オンライン辞書」というものがある。これに対して,インストールして使うタイプは,ネットワークとは独立しているため,「オフライン辞書」と呼ばれることがある。

オンライン辞書には,会員制有料のものと無料のものがある。有料のものでは,たとえば,研究社オンライン・ディクショナリー(kod.kenkyusha.co.jp/service/)なら,『リーダーズ英和辞典』『新英和・和英大辞典』『新英和・和英中辞典』『ルミナス英和・和英辞典』『スーパー大辞林』といった辞書群が検索できるようになる。有名な『ブリタニカ百科事典』(*Encyclopedia Britannica*)なども,簡単な検索は無料だが,高度な検索をするには有料の会員になる必要がある(www.britannica.com)。また,最近では,携帯電話で利用できる各種辞書サイトもある。こうした有料オンライン辞書の値段は月間/年間契約など,契約方法によりまちまちだが,ひと月数百円程度から使えるものもある。

しかし,これらと平行して,多数の辞書を全くの無料で検索することができるサイトも多い。これは自社の製品を宣伝したり,ホー

ムページに来てもらうためのサービスの1つとして無償で提供されているものだ。書籍版を凌駕するサービスも多いので，インターネット用ブラウザに登録しておくといいだろう。

※ 無料オンライン辞書――英和・和英辞典

まずは英和辞典・和英辞典から見ていこう。

○ goo 辞書（dictionary.goo.ne.jp/）

『プログレッシブ英和・和英辞典』や『大辞泉』『類語例解辞典』など，小学館を中心とする辞書が引けるサイト。全辞書検索も可能である。たとえば，「村八分」を検索すると，国語辞典に加えて，和英辞典では「【村八分】ostracism, 村八分にされる be ostracized by the villagers [community]」がヒットする。

○ excite 辞書（www.excite.co.jp/dictionary/）

『研究社新英和・和英中辞典』や『大辞林』などが引けるサイト。しっかりした学習辞典が発音つきで利用できるのはありがたい。以下は，flexible の検索結果画面。

```
⁺flex·i·ble /flépsəbl/→🔊
━圏 (more ～; most ～)
1 曲げ(たわみ)やすい，しなやかな《★【類語】flexible は折り曲げても折れず少々
の伸び縮みがある; elastic は折り曲げたり引っぱったりしても元の形に戻る》．→
用例
2a すなおな，御しやすい．→用例
b 叙【+with+(代)名】[人に対して] 言いなりになって．→用例
3 融通のきく，適応性のある，弾力的な．→用例
《FLEX²←-IBLE; 图 flexibility》
```

○ルミナス英和・和英辞典（www.kenkyusha.co.jp/）

下で述べるように，研究社の各種辞書は有料で網羅的に検索できるようになっているが，この『ルミナス英和・和英辞典』については，無償で検索が可能である。同社のトップページから「ルミナス」タブを選ぶことで検索が可能だ。上級者向け学習英和・和英辞典な

辞書を活かすのは検索スキル次第　119

ので，用例や語法など，学習者向けの情報が多いのがありがたい。以下は「水道」を引いた結果の一部である。

すいどう 水道
(給水設備) waterworks ★単複いずれにも扱われる. 浄水場・水圧ポンプ・配水パイプなどの給水のための機械類の総称; (給水システム) water supply Ｕ ★貯水し，水をある地域に送水する仕組みをいう; (用水) water Ｕ (水道の水) tap [running] water Ｕ (水路) watercourse Ｃ (海峡) channel Ｃ 《⇨みず；すいろ》.
¶この地区は┿水道がある[ない] We ⌈have [have no] *water* (*supply*) in this ⌈district [area].
・ガスと┿水道はいま引いているところです Gas and *water* pipes are now being laid.
・この┿水道の水は飲めません (⇒飲むのに不適です) This *tap water* is not ⌈safe [fit] to drink.
・私は彼女に┿水道の水を止める[出す]ように頼んだ I asked her to turn ⌈off [on] the ⌈*faucet* [*tap*].
・だれかがまた┿水道の水を出しっ放しにした Someone has left the ⌈*faucet* [*tap*] running again.
・ここの┿水道は出がよい[悪い] The *water* pressure is ⌈fine [too low] here.

○英辞郎 (www.alc.co.jp)

　英和・和英辞典それぞれが約200万もの項目を収録する，世界最大のオンライン英語辞書である。通常の辞書と違い，書籍版を持たず，日々進化していくとてつもない辞書である（ただし，アルク社から不定期にパソコンインストール用 CD-ROM 版が提供されている）。1つの単語を引くというより，単語が組み合わさって複合名詞になったり，コロケーションやイディオムになった場合に，どういう意味になるかを検索するのに役立つ辞書である。たとえば information を引くと，約8000件のヒットがあり，information about lifestyles のような簡単なものから，information audit（情報監査）のような用語まで多数収録されている。「多義語」のような専門語を引いても，multisense words, polysemic word, same word having multiple meanings というように的確な複数候補を提示してくれる。現代語のみならず，「一石二鳥」のような成句・諺にも強い。

> - 一石二鳥
>   - kill two birds with one stone
>   - killing two birds with one stone
>   - twofer〈米話〉〈出来事の〉〔一つの手間で2倍得する出来事。〕
> - 一石二鳥。
>   - Killing two birds with one stone.《諺》
>   - To kill two birds with one stone.〔ことわざ〕
> - 一石二鳥である
>   serve a dual purpose
> - 一石二鳥の**解決**
>   kill-two-birds-with-one-stone solution

　翻訳グループが作っただけあり，自然な訳語のサンプルとしても活用できる。たとえば，You two make a good team. ならば「あなたたち2人はいいコンビだねえ」と訳せることを教えてくれる。

　語の使用域（フォーマルな表現かカジュアルか，といった使い分け）については，あまり多くを教えてくれないが，それを補って余りある，圧倒的な情報量がここにある。さらに高度な検索ができたり，宣伝を表示しない有料版『英辞郎 on the Web Pro』も登場している。

※ 無料オンライン辞書――英英辞典

　次に，本格的な英英辞典もオンラインで引くことができる。

○ *Longman Web Dictionary*（www.ldoceonline.com/）

　大変人気の高い学習英英辞典，*Longman Dictionary of Contemporary English*（イギリス英語），*Longman Advanced American Dictionary*（アメリカ英語），および百科項目が無料で引ける。たとえば，bully（いじめっ子）を引くと，複数品詞が表示され，名詞を選ぶと以下のような定義が得られる。

> **bully¹** *noun*
>
> **bul・ly** *plural* **bullies** [countable]
> someone who uses their strength or power to frighten or hurt someone who is weaker:
> ◁ *Bullies are often cowards.*

○ *Oxford Advanced Learner's Dictionary*
（www.oxfordadvancedlearnersdictionary.com/）

　老舗学習英英辞典もオンラインで無償で引ける。印刷辞書との連携も容易だ。以下は名詞 bully の検索結果。

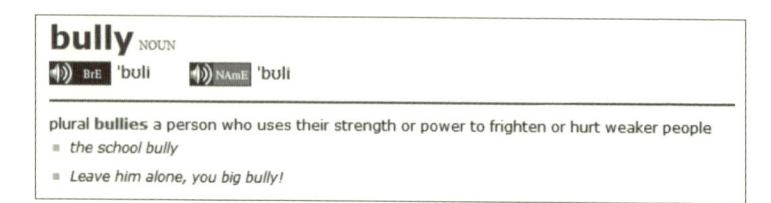

> **bully** NOUN
> 🔊 BrE ˈbʊli　🔊 NAmE ˈbʊli
>
> plural **bullies** a person who uses their strength or power to frighten or hurt weaker people
> - *the school bully*
> - *Leave him alone, you big bully!*

○ *Cambridge Dictionaries Online*（dictionary.cambridge.org/）

　こちらは，学習英英辞典 *Cambridge Advanced Learner's Dictionary*（17万項目）を始めとする，ケンブリッジ大学出版社の複数辞書が検索できる。米英両方の発音も確認可能。以下は，名詞 bully の検索結果である。

> **bully**
> verb UK 🔊 US 🔊 /ˈbʊl.i/ [T]
>
> **Definition**　　　　　　　Share this 🔂 📘 🔗 ✉　　👍 いいね！
>
> to hurt or frighten someone who is smaller or less powerful than you, often forcing them to do something they do not want to do
> 　*Our survey indicates that one in four children is bullied at school.*
> 　*Don't let anyone bully you into doing something you don't want to do.*
>
> **bullying** noun UK 🔊 US 🔊 /ˈbʊl.i.ɪŋ/ [U]
> 　*Bullying is a problem in many schools.*
>
> (Definition of bully verb from the Cambridge Advanced Learner's Dictionary)
>
> 〄 VISUALTHESAURUS
> 　　　　　　　bully
> Explore **bully** in the Visual Thesaurus »

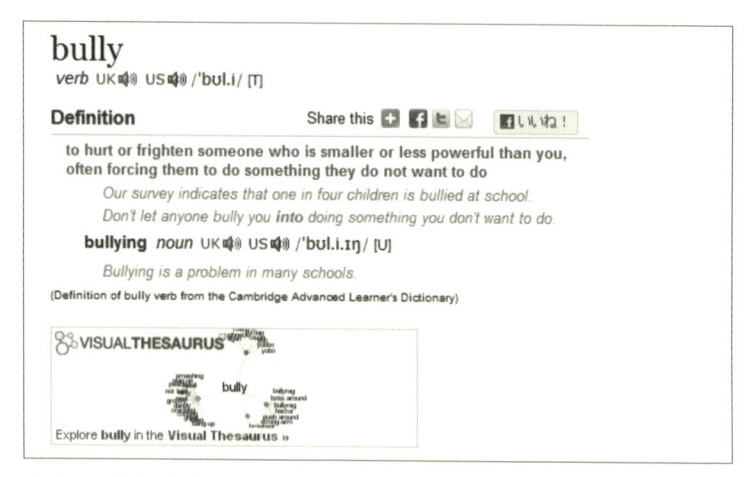

　定義や用例に加えて，Visual Thesaurus と呼ばれる同義語辞典に飛ぶことも可能になっている。

○ *OneLook Dictionary Search*（http://www.onelook.com/）

これは，変り種オンライン辞書である。正確にいうと，これは辞書ではなく，オンライン辞書インターフェイスである。このサイトで単語を引くと，オンラインで無料で引ける多数の辞書からヒットを教えてくれる。たとえば，以下は bully を検索した結果である。

We found 42 dictionaries with English definitions that include the word *bully*:

Click on the first link on a line below to go directly to a page where "bully" is defined.

➡ **General** (34 matching dictionaries)

1. bully, bully: Compact Oxford English Dictionary [home, info]
2. bully, bully: American Heritage Dictionary of the English Language [home, info]
3. bully, bully, bully: Macmillan Dictionary [home, info]
4. bully: Merriam-Webster's Online Dictionary, 11th Edition [home, info]
5. Bully, bully: Wordnik [home, info]
6. bully (noun), bully (verb, noun): Cambridge Advanced Learner's Dictionary [home, info]
7. bully: Wiktionary [home, info]
8. bully: Cobuild Student Dictionary for Learners of English [home, info]
9. bully: Collins Pocket English Dictionary [home, info]
10. bully, bully: Encarta® World English Dictionary, North American Edition [home, info]
11. bully: Webster's New World College Dictionary, 4th Ed. [home, info]
12. bully: The Wordsmyth English Dictionary-Thesaurus [home, info]
13. bully: Infoplease Dictionary [home, info]
14. Bully, bully: Dictionary.com [home, info]
15. bully (n.): Online Etymology Dictionary [home, info]
16. bully: UltraLingua English Dictionary [home, info]

最初の行に表示があるように，実際にはオンラインで使用できる42の辞書においてヒットがあるが，ここでは最初の16辞書のみ挙げている。実際には，ここから，引きたい辞書を選んでその定義に飛ぶことができる。たとえば，3番目の "Macmillan Dictionary" の bully を選ぶと，次ページのような定義に至る。

OneLook Dictionary のサイトだけでは凝った検索はできないが，知りたい単語がどこかの辞書に載っていないだろうか？といった場合に大変有用なサイトである。筆者も，本サイトを通じて，polysemant という語句が存在するかどうか，そしてその意味は何か

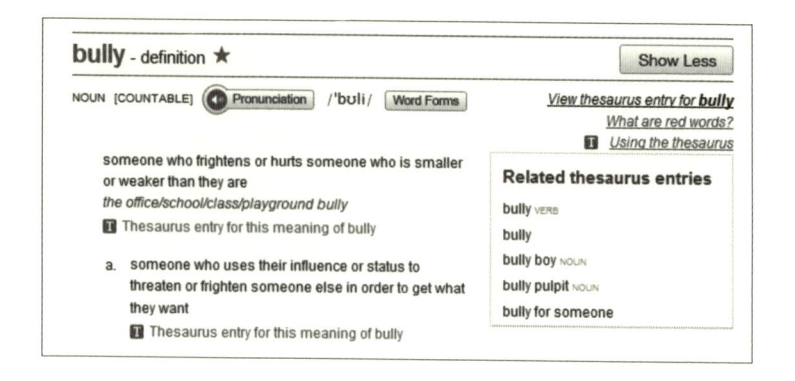

> **bully** - definition ★　　　　　　　　　　　　　　　　　Show Less
>
> NOUN [COUNTABLE]　Pronunciation　/ˈbʊli/　Word Forms　　　*View thesaurus entry for **bully***
> 　　　　　　　　　　　　　　　　　　　　　　　　　　　　　*What are red words?*
> 　　　　　　　　　　　　　　　　　　　　　　　　　　　　　*Using the thesaurus*
>
> someone who frightens or hurts someone who is smaller or weaker than they are
> *the office/school/class/playground bully*
> Thesaurus entry for this meaning of bully
>
> a. someone who uses their influence or status to threaten or frighten someone else in order to get what they want
> 　Thesaurus entry for this meaning of bully
>
> **Related thesaurus entries**
> bully VERB
> bully
> bully boy NOUN
> bully pulpit NOUN
> bully for someone

を瞬時に確認することができた。ちなみに,これは「多義語」を意味する専門語である。

　なお,本サイトから無料オンライン辞書が全て検索できるわけではない。たとえば先に述べたオックスフォード大学出版やロングマン/ピアソン社の辞書は検索対象にはならないが,ケンブリッジ大学出版の辞書は検索される。これは契約上の問題だと思われる。

　このように,*OneLook Dictionary*は,オンライン辞書の醍醐味を体験させてくれる辞書サイトである。知っているか否かは天地の差があるので,ブラウザに登録しておくとよいだろう。

❋ 無料と敬遠することなかれ

　このように,無料のオンラインサイトは,見過ごすにはあまりに惜しい豊富な,そして強力な内容を含んでいる。ぜひ,みなさんの「英語辞書力」強化のために,こうした辞書を活用していただきたい。

3.10 DDWinでパソコン用辞書をもっと便利に使いこなす

DDWinとは，辞書そのものではなく，Windows上で辞書を検索できるようにする無料の辞書検索ソフトである。これを利用することで，複数辞書の検索が大変便利になるので，ぜひ知っておいていただきたい。

❋ DDWinとは

複数の辞書ソフトを，同じインターフェイスで使えるようにしてくれるのがフリーウェアのDDWinである。大変人気のあるソフトなので，その特徴を概観しておこう。

まず第1に，同ソフトを使うと「EPWING」と呼ばれる規格にのっとったパソコン用辞書ソフトならば，全く同じインターフェイスで使えるようになる。前者は日本独自の規格で，辞書ソフトのパッケージやホームページで，そのソフトがEPWING規格であるかどうかが記されている。主要なものに『ジーニアス英和辞典・和英辞典』『ジーニアス英和大辞典』『リーダーズ・プラス』『研究社新英和辞典・和英辞典』『英和活用大辞典』『ニューセンチュリー英和辞典・クラウン和英辞典』『大辞林』『広辞苑』などがある他，科学技術や法律関係の専門辞書もある。

DDWinの2つ目の特徴は，その検索能力の高さにある。元辞書が対応している限り，前方／後方一致検索はもちろん，複合検索（2語以上からなる成句等を検索）や全文検索（特定単語を見出し語だけではなく用例等からも検索）も軽くこなす。しかし，何といっても，そのありがたみが実感されるのは，「串刺し検索」である。これを利用すると，検索語を入力するだけで，インストールしてある辞書全てから関連情報を抜き出してくれる。5つの辞書があれば，5つのソ

フトを立ち上げるのではなく，DDWin を通して 1 回の操作で 5 つの辞書から情報を検索してくれる。この便利さを知ると，もう後には戻れない。それでいて，これは無料のソフトなのである。

✽ パソコンへのインストール

　まだ DDWin をお持ちでない方は，以下の要領で設定してほしい。
　まず最初に，辞書ソフトをパソコンのハードディスクにコピーしておく。任意のドライブに「Dictionaries」や「CDROM」といった名前のフォルダを作り，その下に各辞書のフォルダを作って，CD-ROM の内容をコピーすればよい。たとえば，『ジーニアス英和辞典・和英辞典』なら，「¥Dictionaries ¥Genius」とし，後は，「エクスプローラ」を用いて，CD-ROM の中身全てをそのディレクトリにコピーする（各ソフト固有の「インストール」ではないので注意）。辞書によって，不要なファイルもあるが，ハードディスク容量に余裕があるなら，気にせず，そのまま全てコピーして問題ない（『小学館ランダムハウス英語辞典』CD-ROM だけは，拡張子が ttf となっているファイルを windows 内の fonts ディレクトリにもコピーしていただきたい）。
　次に DDWin をダウンロード＆インストールする。まずベクター（www.vector.co.jp）から DDWin を検索してダウンロードする。これを C: ¥Program Files¥DDWin というディレクトリを作ってインストールする。
　それが終わったら，DDWin を立ち上げ，メニューから「グループ」→「辞書グループ」と進もう。その画面左下に入力窓があるから，「ドライブ」を「C」（辞書を D ドライブにコピーした場合は，「D」），「深さ」を「3」にした上で「ドライブサーチ」アイコンを押す。すると，DDWIN が自動的にハードディスクを検索し，EPWING 辞書を見つけてくれる。見つかった辞書一覧が出たら，「>>」アイコンを押し，全ての辞書を DDWin で使えるように登録する。図 1 の設定画面を参照（インストール先は個人のパソコンによって異なる）。これで，パソコン上の DDWin で電子ブックが使えるようになった。

図1

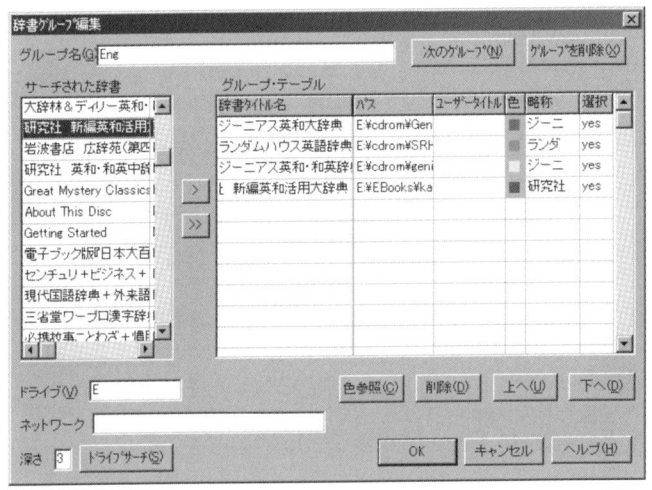

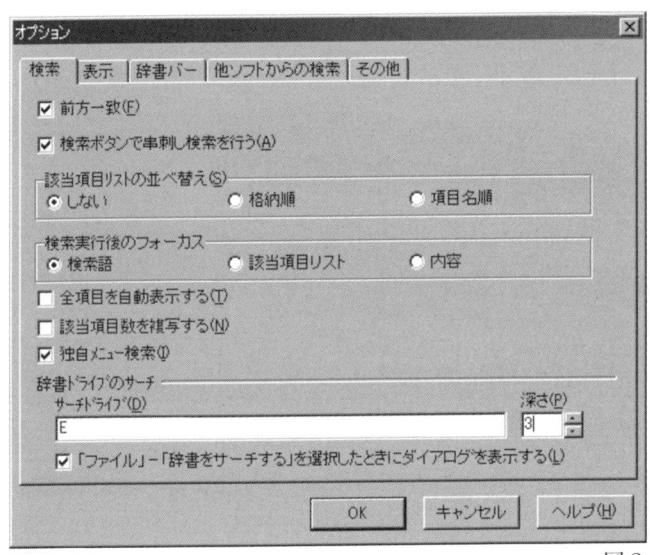

図2

これだけでもいいが、DDWinならではの「串刺し検索」もぜひ使えるようにしよう。最初の画面で「ツール」→「オプション」と進み、「検索ボタンで串刺し検索をおこなう」にチェックを入れる（前ページ図2）。

　こうしておくと、検索語を1回入力するだけで、コピーした辞書全てから、検索を行っている。以下は、串刺し検索によって、複数辞書でbully（いじめっ子）を検索したヒット画面である。

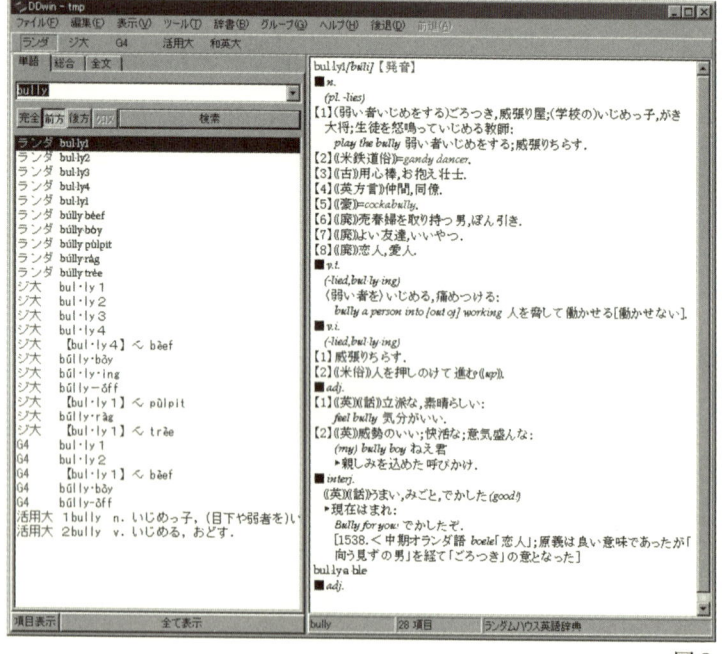

図3

　つまり、「この辞書を引こう」と辞書をまず決めるのではなく、「bullyを引いてみよう」→（ヒットしたら）「この辞書で定義を見よう」というふうに、どの辞書に載っているかを確認の上、次々見ていくことができるようになる。また、元辞書がサポートしている限

り，用例・成句検索も，複数辞書に対して行える。携帯サイズの電子辞書なら通常サポートされる「複数辞書検索」／「全辞書検索」と似た検索方法が，パソコン上でも使えるようになるわけである。

※ 知っていると得をする

　DDWinで検索できるのは，日本の規格であるEPWING方式で作られた辞書だけである。同一の辞書でも，EPWING版とそうでないものもあるので注意してほしい。また，通常のインストールとは異なるので，インストールや使用に関する出版元からのサポートは得られない。

　それでも，これがうまくいった場合には，パソコン上での辞書検索が大変便利になる。もし，手元にEPWING規格で作られたパソコン用辞書ソフトが眠っている場合には，ぜひ，活用してほしい。

第4章
[鉄則その4]

❖

セルフチェックと発信スキルアップに活用せよ

4.1
辞書を片手に
英作文を推敲する

　読者のみなさんは英語を書く際に，どの程度英語辞書を参照しているだろうか？　誤りの多くは，ネイティブスピーカーや教師に聞くまでもなく，英語辞書を参照することで修正が可能である。ここでは，書いた英語を辞書を用いて推敲する方法を見ていこう。

※ 可算／不可算，単数／複数？

　まず，誤りやすい名詞の使い方について見ておこう。第1のポイントは，可算名詞か不可算名詞かを必ずチェックすることである。

(1) ?I took English test yesterday.（きのう英語のテストがあった）

　『オーレックス英和辞典』で test を見ると，第1語義「(学科などの) 試験」には [C] ラベルがついていることがわかる。これは countable noun（数えられる名詞）の略で，特定科目の試験なら可算名詞として使えるということだ。

> **test**: [名] 1 [C]（学科などの）試験 (…) take [《英》sit (for)] a driving test（運転免許試験を受ける）(『オーレックス英和辞典』)

　可算名詞であるということは，a test, the test, my test; tests, two tests, the tests, my tests などのように，不定冠詞，定冠詞，代名詞の所有格もつくことがある。複数形にもできる。しかし，test のように，単独では使えないということだ。その点，information のような不可算名詞（uncountable noun, U）は，information, the information のように，単独で用いたり，定冠詞つきで用いることはできるが，×an information のように不定冠詞をつけたり，×two informations のよう

セルフチェックと発信スキルアップに活用せよ　133

に複数形にすることはできない。

よって，最初の例は，I took *an* English test yesterday. と可算名詞として訂正しておこう。ちなみに，先ほどの辞書の用例から，イギリス英語ならば, take a test の意味で, sit a test, sit for a test といえることもわかる。単に「座る」ということではないのだ。

このように，名詞が可算／不可算，単数／複数であるかは，日本語では通例意識されないので，英語では辞書で確認しながら使い分けをしっかりしておこう。

※ あやふやな受動文は能動文にして考える

次に，受動文が的確かどうかを見るには，能動文で考えるのが基本である。

(2) ? We were informed to leave immediately by the press members.
　　（記者にすぐ出発するように告げられた）

この文が正しいかどうかをチェックするには，いったん能動文にする。受動文の主語は能動文の何か，能動文の目的語は受動文ではどこに行くのか，といった点は混乱しがちなので，簡単な能動文と受動文を作って，その対応を対比しながらチェックするといいだろう。

例：We love her. ↔ She is loved by us.

すると，(2)の受動文の主語 we は，能動文では目的語の位置（＝動詞の右側）に入り，「by + the press members」の部分は，by を取って能動文の主語になることがわかる。

? *We*　were informed to leave　　　　　　　immediately
（主語の位置）　　　　　　　（目的語の位置）　by *the press members*.

そうすると，次の能動文ができる

? *The press members* informed *us* to leave immediately.

ここで，上で使われている inform の動詞型を観察しよう。そうすると，inform A to do という型を使って書いていることがわかる。

でも，それは正しい型だろうか？『ウィズダム英和辞典』を見ると，以下の型しか持たないことがわかる。

---

inform A of [about] B（A に B を伝える）
inform A that 節（A に〜と伝える）

つまり，×inform A to do という型がないわけだ。よって，先ほどの能動文は，使える動詞型を用いて次のようにすべきとなる。

The press members informed us that we should leave immediately.

このままでもいいが，受動文にするなら，次のようになる。

We were informed by the press members that we should leave immediately. / We were informed that we should leave immediately by the press members.

なお，『英和活用大辞典』の以下の用例も，この inform A that 節の型が受動文になったものである。

We were informed that an earthquake had occurred in the west.
（西部に地震が起こったという知らせがあった）

❋ コロケーションも確認

コロケーションの基本の 1 つ「動詞＋名詞」のつながりも辞書でよく確認しよう。たとえば，次の文はどこがおかしいのだろうか。

(3) ? We checked in the hotel yesterday.
(きのうホテルにチェックインした)

さっそく辞書で check in を調べてみよう。電子辞書ならば、例文検索窓で「check&in&hotel」と入力すると、この3語が同時に使われる用例検索ができる。すると、次のような用例が見つかる。

> チェックインする check in at a hotel
> （『ジーニアス英和大辞典』『英和活用大辞典』）

意外なことに、check in の後にすぐ hotel をつなげた check in a hotel ではだめで、check in *at* a hotel と前置詞 at を使うことがわかる。つまり、この意味では check in は目的語を取れない自動詞だということになる。なお、各種辞書の同義語情報を見ると、check into a hotel ならば OK だということもわかる。

check out も同様で、check out a hotel は不可で、前置詞 of または from が必要である。

> check out of [from] a hotel ホテルからチェックアウトする
> （『ジーニアス英和大辞典』）

このように、カタカナ英語になっている場合も、そうでない場合も、コロケーションの基本となる動詞と名詞のつながりはしっかりと辞書でチェックしておこう。

※ "A is B" は曲者

次も、多くの人が間違うパターンである。

(4) ? My brother is a runny nose. (弟は鼻水だ)

日本語では「私は中学生／田舎育ち／風邪／ノートパソコン」と

いうふうにいえる。でも中身はずいぶん違い，「私は風邪」というのは「風邪そのもの」ではない。「私はノートパソコン」というのも，たとえばデスクトップとノートとどちらが好きかという質問の答なら，「ノートパソコンの方が好き」という意味になる。

(4)についても，「私＝鼻水」ではなく，「鼻水が出ている」ということであるから，be を使うのはおかしい。別の動詞が必要である。それに気づけば，後はコロケーションの問題である。runny を引くと，『ウィズダム英和辞典』には a runny nose はあるが，動詞がない。『ジーニアス英和大辞典』や *Longman Advanced American Dictionary* ならば，その名詞と一緒に使われる動詞は have だとわかる。

---

have a bloody [runny, running] nose 鼻血［鼻水］を出している
(『ジーニアス英和大辞典』)

nose: Robin has a sore throat and a **runny nose** (=liquid is coming out of her nose because *she has a cold*).
(*Longman Advanced American Dictionary*)

また，ほとんどの和英辞典で「鼻水」を引いても，get a runny nose という，動詞とのコロケーションが載っている。

鼻水が出ているよ Your nose is running. |《婉曲的》You've got a runny nose.（★ You have a running nose. とはあまりいわない）
(『グランドセンチュリー和英辞典』)

※ 推敲の際は，辞書をよく活用しよう

スペルチェックは，ワープロソフトがやってくれるが，コロケーションや細かい文法チェックまではやってくれない。そこで，どうしても辞書活用が必要である。特に，見慣れた単語ほど，こうしたチェックを怠り，誤って定着してしまう場合もあるから，辞書を片手に推敲する習慣をつけておこう。

4.2 論文・レポート執筆に辞書を活用する法

　英語を読む時に単語の意味を調べるだけではなく，論文やレポートを書く際にも辞書は大活躍してくれる。でも，その際，ちょっとしたコツを知っているかどうかで大きな差が生まれる。

※「ネイティブチェック」の過信は禁物

　論文やレポートを英語で書く際，特に，まとまった分量であればあるほど，「(同僚の／知り合いの) ネイティブチェックを受けるから」と，英語表現や文法事項の確認を中途半端にしたままにする人が多い。自分で気づかない文法間違いも，ネイティブなら全て直してくれると思っているわけだろうが，それは大きな誤解である。

　大学院生でも，ページあたり5〜10箇所の誤りがあるのは稀ではない。1，2枚のレポートならいざ知らず，数十ページに至る論文ならば，校正のプロでもない限り，ネイティブスピーカーというだけで，そうした誤りをつぶさにチェックしてくれることはまずない。

　では「英語の達人」でもない限り，英文の自己チェックは手の打ちようがないのかというと，そんなことはない。たとえ日本人でも辞書と関連ツールを使うことで，草稿の文法／表現エラーの9割以上は訂正できると筆者は考えている。

※ まずは名詞の可算・不可算を確認

　英語をチェックする上でまず考えてほしいのは，前節でも触れた名詞の可算・不可算である。学習辞典ならば，通例，C (countable：可算名詞) と U (uncountable：不可算名詞) のラベルで区別されている。この区別で，以下のような用法の違いが自動的に含意される (Nは名詞を，-sは複数形を表す)。

	可算名詞 （car など）	不可算名詞 （information など）
a(n) N	○	×
the N	○	○
N	×	○
Ns	○	×
this N	○	○
those Ns	○	×

　これは，たとえば I bought a car / those cars. はいえるが，˟I bought an information / those informations. とはいえないことを示している。不可算名詞には1個を表す不定冠詞がつかず，複数名詞にもならないということである。

　英語を書いていて，可算・不可算の区別がちょっとあやふやだと思う名詞については，必ず辞書で確認したい。たとえば，論文には欠かせない「先行研究」はどう表現するだろうか。以下のような候補があるとする。

previous research / study / literature

　『ジーニアス英和辞典』で調べると，research が「（学術）研究」の意味で用いられる場合，基本は不可算名詞だが，時に researches も使われることがあると記されている。その点，literature は「文献」の意味では不可算のみ，study は「研究」の意味では可算名詞として使うことがわかる。

　辞書で大まかな区別がわかったら，学術研究に特化した Google サイトである Google Scholar（http://scholar.google.com/）をコーパス代わりに利用してみるといいだろう。

　たとえば，「先行研究が～を示している」という意味で，"previous research shows" と "previous researches show" を Google Scholar で引

いてみると，前者が4440件，後者が190件ヒットする。『ジーニアス』の記述通り，research を複数にすることもあるが，まずは単数形の不可算名詞として使う方が無難だとわかる。逆に，"previous study shows" と "previous studies show" を比較すると，それぞれ1360件と12200件のヒットであるから，こちらは previous studies と複数で表現しておけばよさそうである。literature については，"previous literature shows" が363件，"previous literatures show" が13件で，単数形に分がある。ということで，「先行研究」という場合，previous studies / research / literature を使っておけば，まず問題ないとわかる。つまり，study は可算名詞として，research/literature は不可算名詞として用いるということである。実際，これは，ネイティブスピーカーの意見とも一致している。

このように，辞書で大まかな情報を得た上で，Google Scholar で詳しい状況を確認するようにすると，ほぼ間違いなく標準的な用法が確認できる。

✣ 動詞型も要確認

動詞型や文型についても，不慣れな表現は，しっかり辞書で確認するようにしよう。以下も実例であるが，どこに問題があるかわかるだろうか。

(1) Learners have a difficulty of using context effectively.
（学習者が文脈を効果的に使うのは困難である）

(2) The government insists the importance of the change.
（政府は変化の重要性を強調している）

(3) The students were tested depth of vocabulary.
（学生は語彙の深さについてテストされた）

(1)については，辞書で difficulty を引くと，次の用例と注記が見つかる。

> I have difficulty (in) remembering names.（人の名前がなかなか思い出せない《★【用法】in を略すことがある》）
>
> （『研究社英和中辞典』）

difficulty は単数形で無冠詞なので不可算であり，この場合の適切な形は have difficulty (in) doing であることがわかる。よって，(1)の例文は，Learners *have difficulty (in) using* context effectively. とすべきだとわかる。

(2)については，確かに insist には他動詞用法もあるが，それは全て「［that 節］〈事実などを〉強く主張する，言い張る」（『プログレッシブ英和中辞典』）のように，目的語は that 節に限られる。そこで自動詞を使うならば，

> ［自］［insist on ［upon］A］　〈A（事実など）を〉強く主張する，言い張る

とあることからわかるように，insist on を使って，The government *insists on* the importance of the change. となる。

(3)は受動文でちょっとわかりにくいので，能動文に戻してみよう。受動文の主語は，能動文の目的語（＝動詞の右側）なので，それに従って能動文に戻してみる。

The students were tested depth of vocabulary.
　↓
（主語）were tested ［the students］depth of vocabulary.
　↓
（They）tested ［the students］depth of vocabulary.
（受動文に by+ 名詞［= 能動文の主語］が明示されていないので they を補った）

セルフチェックと発信スキルアップに活用せよ　141

これでわかるように，このままだと test A B（AのBをテストする）という二重目的語構文になっている。辞書で確認すると，test は二重目的語を取れる動詞ではない。それが可能ならば，たとえば『ジーニアス英和辞典』ならば SVOO と動詞型表記がなされるはずだ。

　二重目的語が取れないのであれば，目的語を1つにまとめるか，test A on / for B（AをBについてテストする）（『英和活用大辞典』）の型を用いることになる。

They tested [the students' depth of vocabulary].［目的語は1つになっている］/ They tested the students on depth of vocabulary.［test A on B [AをBについてテストする] の型を用いている］

これで正しい能動文ができたので，さらに必要に応じて受動文にすることもできる。

The students' depth of vocabulary was tested. / The students were tested on depth of vocabulary.

　このように，辞書と Google Scholar のような web コーパスをうまく使いながら，論文執筆を進めていただきたい。強力な執筆支援パートナーとなってくれるはずである。

4.3
論文執筆に必要な
コロケーションがない時は

　電子メールの普及で，カジュアルに英語でメッセージを書くことが増えた。それと平行して，大学の卒業論文や企業での各種報告書など，フォーマルに英語を書く機会も増えている。でも，こうした場合，ちょっとした辞書活用のポイントを知っておかないと，ずいぶんと遠回りをすることになる。

　ここでは，論文指導をする上で遭遇したいくつかの事例を紹介しながら，専門論文執筆と辞書検索の関係を探ってみよう。

✳ 専門用語がない？

　Aさんは自身が行った実験結果を英文にしようとしていた。しかし，そこで使おうとした統計用語に四苦八苦している。統計用語というのは，専門語とはいっても，理系はもちろん，経済学・心理学・教育学・医学など幅広い分野で共通して使われ，データ処理ではいわば定番中の定番なのである。

　だが，それを辞書で調べようとして，思わぬ壁につきあたってしまった。統計用語の中で，たとえば「AとBは高い相関がある」という表現は，基本中の基本である。Aさんは，この場合，correlate（相関がある）という動詞を使うことは論文を読んで知っていたが，それを辞書で確認できないという。

　そんなはずはないと，彼女が参照していた『リーダーズ英和辞典』を見ると，確かに「相互に関連させる；相互に関係がある」としか書いていない。少々訳語に不備があるようだ。そこで『ジーニアス英和大辞典』を参照すると，「［…と］相関関係にある［with］」という訳語が見つかる。前置詞にwithが来ることが示されているから，「AとBは相関関係にある」という場合，A correlates with B と

セルフチェックと発信スキルアップに活用せよ　143

いえそうだということまではわかる。

　ただし，統計結果をまとめる場合，これだけでは不十分なのである。なぜなら，相関関係を示す場合，「相関が高い／中ぐらい／低い」ということを問題にする。こうした修飾語句の表現の仕方がわからないと，使い物にならない。

　これはちょうど，「置く」という意味でのputは，それ自身だけでは役に立たず，必ず次のような，どういう場所に置くのかを表す副詞や前置詞句とのつながりを知っていないと，全く役立たないのと同様である。

She put the suitcase 〈on the floor〉. (スーツケースを床に置いた)

（『レクシス英和辞典』）

She put 〈aside〉 the textbooks. (教科書を脇によけた)

（『フェイバリット英和辞典』）

　では，相関の場合の「高い／中ぐらい／低い」はどう表現すればいいだろうか？　そこでAさんは和英辞典で「相関」を見たが，以下のような例文があったものの，求めているものとはちょっと違っている。

…と密接な相関関係がある　　correlate closely with ...

（『研究社新和英中辞典』）

　では，次にどうすればいいだろうか？

※ コロケーション辞書の出番だ

　このように，特定の動詞や名詞と，それを修飾する副詞・前置詞句とのつながりが，英和辞典・和英に載っていないことはよくある。特に，少し専門的な語になると，そうした事態になりやすい。そんな時に引いてみたいのは，そうした情報に特化したコロケーション

辞典である。その分野での3大辞書は、まず日本が誇る、世界最大規模のコロケーション辞典『英和活用大辞典』(38万例) である。残りの2つは海外の出版物で、『英和活用』より項目数は劣るものの (15万例)、精選したデータで使いやすい *Oxford Collocations Dictionary* と *Macmillan Collocations Dictionary* である。『英和活用』と *Oxford Collocations* については、書籍版に加えて、パソコン用辞書、携帯用辞書の1コンテンツとしても提供されている。

まず、『英和活用』には以下の用例がある。

> **correlate**: These two phenomena are highly correlated.（これら2つの現象は相互に大いに関連している）

ここでは、correlate を他動詞として用い、その受動文と副詞 highly とのつながりが観察できる。

その点、*Oxford Collocations* ではもっと詳しく副詞情報が載っていた（ただし、日本語訳はない）。

> **correlate**: closely, highly, significantly, strongly, well / positively / inversely, negatively

この中から、たとえば、A correlates highly / strongly / positively with B (AはBと高い／強い／正の相関がある) といった表現ができることがわかる。

※ データから「まねぶ」

でも、よく見ると、「高い相関がある」というのはわかったが、論文でよく使う「中ぐらいの／低い相関」についての表現が載っていない。highly が「高い」なら、「低い」は lowly になるのだろうか？「中ぐらい」は？

それを解決する糸口は、A さん自身の言葉にある。最初 A さんは

「相関がある」という動詞はcorrelateだと知っている、といっていた。先に見たように、多くの英和辞典には「相関関係がある」という語義が抜けている。では、どうしてそれを知ったのかを尋ねると、「読んでいる文献に何度も出てきましたから」という返事だった。

　ならば、もう一度、自身が読んできた参考文献の中で、この動詞がどういうふうに使われていたかを確認して、それを参考にすればよい。

　多くの人は、このように、文章で実際に使われている表現に学ぶことを忘れがちである。これは、英語表現を「まねて学ぶ」ということで、私自身は「まねぶ」と呼んでいる。

　さっそく、彼女が持っていた論文を見せてもらい、一緒に統計処理の部分を確認すると、関連表現が見つかった。そこから、英和・和英辞典はもちろん、コロケーション辞書にも載っていなかった、次のような副詞を抽出することができた。

A correlates moderately / weakly with B.
（AはBと中ぐらいの／弱い相関がある）

　さらに、weaklyより数は少ないものの correlate low（相関が低い）も見つかったが、correlate lowly はなかったことも確認できた。辞書を見ても、単に高低をいう場合には low を副詞として用い、lowly は「いやしく」のような意味合いになることが書かれているから、この観察も正しそうである。

　このように、自分の関連する分野の文献については、内容を参考にするだけではなく、文章表現自体を参考にすると、その表現にも「まねぶ」ことが可能になる。

✲ インターネットでも確認

　前項では、こうした辞書にない英語表現は、Google Scholar などのインターネット検索サイトを使っても調べられることを述べた。これは、先ほどの correlate にもあてはまる。ただし、この動詞をいき

なりインターネットで検索して，どのような副詞と共起するかを観察しようとすると，膨大な無関係の情報がヒットする場合がある。そうした場合に求める情報を探し出すのは，あまり効果的ではない。やはり，専門論文については，たとえデータは少なくても，関連分野のデータでまず確認し，その結果をインターネット上でも再確認する方がいいだろう。

※ 辞書に始まり，辞書に終わる

このように，専門分野の論文を書く際には，英和辞典・和英辞典，コロケーション辞典を手元に置きながら，さらにそれを補足する意味で，関連する専門書・論文とインターネット検索環境があれば完璧である。

特に，ネイティブが書いた専門分野の論文や本は，その内容を学ぶだけではなく，その表現方法自体も，まねて学んでみたい。この「まねぶ」作業こそが，専門分野でわかりやすい英語を書く上で，回り道のようで，実際は近道である。

そしてそこでの発見は，何度も使い回しができるように，辞書の余白にメモしておくといいだろう。

4.4
英英辞典はパラフレーズ用辞書

　英英辞典で，いきなり難しい単語の意味を調べようとすると，必ず行き詰ってしまう。それは英和辞典に任せて，英英辞典は「スキマ引き」というのが前章での主張だ。ここではそれを発展させ，英英辞典をパラフレーズ用辞書として活用する方法を見ていきたい。

※ コミュニケーション・ストラテジーとは
　外国語学習者が語彙不足に悩むのは当然のことである。しかし，そうした限界があっても，何とかコミュニケーションを成立させようと努力する方策のことをコミュニケーション・ストラテジーと呼ぶことがある。その中でも特に重要なのが，「パラフレーズ」である。これは「言い換え」と訳されるが，外国語学習では，難しい語，知らない単語を何とか相手にわかってもらおうとするストラテジーの1つと見なすことができる。
　こうしたパラフレーズは，さまざまな先行研究で，いくつかの表現上の型に分類する試みがなされている。1つ目は，同義語（意味が似ていると思われる単語）を使ってみるものである。

My car is very *sick* today.

　これは「調子が悪い」(not working well) のつもりで，sick を使った例である。もちろん正しい英語ではないが，結果として十分通じている。よって，沈黙するのとは違って，コミュニケーションを継続できるわけだ。2つ目は，どんどん描写していくものである。

It's an animal. It's very tall. It has a long long neck. You see it in Africa or in the zoo.

これは「キリン」(giraffe) という単語がわからなかったために，どんどん描写していったものである。このように，生物であれ，事物であれ，その色，形，大きさ，味，用途，といった特徴を列挙していって，相手にわかってもらう方法がこれである。
　3つ目は，当該外国語と母語の知識を総動員し，単語を組み合わせたりしながら造語してみる方法である。

Do you have an *air pusher*?

　これは，「(自転車用) 空気入れ」を知らなかったため，ほぼ忠実に直訳したものである。正しい英語ではないが，いわれたネイティブも，"Oh, you mean 'air pump'!" のようにピンとくる表現である。

※ 英英定義の構造
　このように，とっさの場合には上例の「同義語」「描写」「造語」を試してみればいい。そうしたパラフレーズのサンプルとなるのが，英英辞典なのである。まず英英定義の構造を知っておこう。
　たとえば，以下は miser (けち；発音は「マイザ」) の定義である。

---

miser: a person who saves his or her money and doesn't like to spend it
　　　　　(*Random House Webster's English Learner's Dictionary*)

　こうした定義は，「見出し語＝上位語＋修飾語」という構造になっている。「上位語」とは，見出し語と比べて，より一般的な意味を表す語のことである。たとえば，上例「けち」はより具体的で，それより一般的な語は「人 (person)」である。こうした上位語に，修飾語をつけることで定義が完成する。上例 miser ならば，person 以外の単語，つまり不定冠詞 a や，関係詞 who 以下全てが修飾語である。

a person　　＋　　who saves his or her money and doesn't like to spend it
（上位語）　　　　（修飾語）

このように,「上位語＋修飾語」に置き換える過程で,全体としてよりやさしい表現になるから,こうした英英定義をパラフレーズのサンプルとして活用することが可能になるわけである。

よって,たとえば,"My brother is ＜けち＞."といいたいけれど,miser を忘れてしまった場合,上記の定義を使って以下のようにいえるだろう。

- My brother is a person who just saves his money and doesn't like to spend it.
- My brother just saves his money and doesn't like to spend it.

こうすることで,miser を忘れても,いいたいメッセージを相手に伝えることができる。

※ 定義テンプレートの活用

では,さらに具体的に,英英辞典をパラフレーズ練習に生かすポイントを見ていこう。まず第1は,名詞を使った描写練習をすることである。たとえば,フルーツの「モモ」を選んで説明するとする。その場合,いきなり説明したり,peach の定義を参照する前に,別のフルーツの定義を参照してみる。たとえば,以下は「スイカ (watermelon)」の定義である。

> **watermelon**: a large round fruit with hard green skin, red flesh, and black seeds
>
> (*Longman Dictionary of Contemporary English*)

ここで注目したいのは,フルーツに共通するであろう型の存在である。上例では,以下のような型を観察できる。

a [A] fruit with [B] skin, [C] flesh and [D] seeds

[A]にはフルーツの大きさや形が,[B]には皮 (skin) の堅さや

色が，[C] には果肉（flesh）の色や味などが，[D] には種（seeds）の色や大きさなどが入ればいいわけである。これはフルーツの「定義テンプレート」と呼ばれるものである。

これを押さえたら，後は，説明したかった「モモ」を，このテンプレートにあてはめればよい。すると，たとえば，以下のように下線の単語を入れて，簡単に説明できる。

a <u>round</u> fruit with <u>soft pink</u> skin, <u>white sweet</u> flesh and a <u>large hard</u> seed

自前定義であるが，実際に以下のような英英定義を参照しても，結構「いけてる」ことがわかるはずである。

> **peach**: a juicy yellow and red fruit whith a soft skin and one large rough seed
> （*Longman Study Dictionary*）

こうした過程で，英語にしにくい表現にも遭遇する。たとえば，「丸い（round）」はいえても，「楕円形の（oval）」はいえないかもしれない。「甘い（sweet）」はいえても，「すっぱい（sour）」が思い浮かばないかもしれない。そんな場合は，和英辞典で調べてもいいが，そうした特性を持つフルーツの定義を参照してみることを勧めたい。たとえば，「楕円」を知るために，前述の lemon の英英定義を見てみたい。oval を使っているのもあるが，egg-shaped と表現しているものもある。なるほど，oval という表現に比べて，egg-shaped はわかりやすいであろう。これ自体が「楕円」のパラフレーズとなっている。こうした「おまけ」が英英辞典探索の楽しみの 1 つでもある。

※ ローカル・パラフレーズとグローバル・パラフレーズ

名詞だけではなく，動詞のパラフレーズにも英英辞典を活用できる。たとえば，以下の文をパラフレーズしてみよう。

Stress contributes to various illness.

セルフチェックと発信スキルアップに活用せよ　151

contribute to A を「A に貢献する」という意味だと思い込んでいると，ちょっとしっくりこない。さっそく英英で調べてみよう。

> **contribute**: to be one of the causes of sth
> （*Oxford Advanced Learner's Dictionary*）
> **contribute**: to help make something happen
> （*Longman Advanced American Dictionary*）

ここから，以下のようにパラフレーズできそうだとわかる。

・Stress is one of the causes of various illness.
・Stress helps make various illness happen.

このように，英英定義表現でほぼそっくり言い換える方法をローカル・パラフレーズと呼んでおこう。少し慣れたら，英英定義にある単語を参考にして，主語を変えたり，文構造を変えたりするグローバル・パラフレーズにも挑戦するといいだろう。上例ならば，

・Various illness is caused by stress.
・You may get various illness because of stress.

などである。どうだろう，中身のメッセージはそのままながら，表現はずっとやさしくなった。これがコミュニケーションにおけるパラフレーズの重要な点である。

こうしたパラフレーズは，何も自分の語彙力不足を補うだけではない。われわれ日本人がコミュニケーションを取るのは，何もネイティブスピーカーだけではない。韓国やタイといったアジア諸国やロシアなど，必ずしも英語が得意でない人たちとの交流の機会は多くなる。そうした場合，相手が難解な表現をわからなければ，そして，同席する日本人同僚もわからないようであれば，こうしたパラフレーズ方策を用いて，やさしく，別の言葉で表現してみよう。そうすれば，コミュニケーションが円滑に進むはずである。

4.5
インターネット検索で
セルフチェックを

　印刷辞書でも電子辞書でも，欲しい情報が載っていないとわかった時は切ないもの。でも，ちょっと待っていただきたい。インターネット検索を使えば，意外と簡単に答が見つかるかもしれない。

※ インターネットを使った２つの検索
　学習する場合であれ，ビジネスで使う場合であれ，英語に関する疑問にはしょっちゅう悩まされる。辞書を見れば大半は解決するが，どうにもうまく解決しないものがあるのも事実である。そこで「セルフチェック」の出番となる。

　インターネットの検索エンジンを利用すると，こうした疑問点にある程度の筋道を立てることが可能になる。この場合，便宜上，２つの検索を区別しておく。１つは，「事項検索」で，人物や出来事についてより深く知りたい場合に用いるものである。たとえば，イギリスで免許を取るにはどうしたらいいのか，ブッシュ元大統領の在任期間はいつだったか，といったことを調べるのがこれである。

　もう１つが「表現検索」である。これはインターネット上の英語情報を，英語という言語を映し出す１つのコーパス（＝言語のデジタルデータ）として利用するものである。ある名詞には定冠詞がつくのか，複数形になるのか，どういう単語と結びついてコロケーションをなすのか，といった点を調べる場合がこれである。

※ 事項検索でこんなことが
　特に，英語で発信するような場合に，こうした検索は威力を発揮する。たとえば，筆者はある時，ピーター・ラビットの作者ビアトリクス・ポター氏について調べて発表する必要が生じた。彼女のフ

ルネームの綴り（Beatrix Potter）や正確な処女作タイトル（*The Tale of Peter Rabbit*）などは辞書・辞典で簡単にわかる。

ところが，以下のような点がなかなかわからない。

○彼女の絵画の才能を見抜き，出版を勧めたといわれるローンズリ牧師の名前の英語綴りと「牧師」の英訳（牧師関連の英語には vicar / priest / minister / reverend / canon / clergyman などがあるが，類義語辞典を読んでも，彼に適切なものがどれかはわからない）

○彼女がピーター・ラビットの元になったといわれる絵手紙を送った，元家庭教師の息子ノエル君のフルネームの綴りと「家庭教師」の英訳

そこで，検索エンジン Google（www.google.co.jp）を使い，検索窓に「Peter Rabbit Potter」と入れてみた。すると，彼女についてのサイトが多数ヒットするが，たとえば，次のようなページがある。

> Beatrix first visited the Lake District in the summer of 1882 on a family holiday. There she became friendly with the local vicar, Canon Rawnsley. （www.peterrabbit.co.uk）

まず，牧師は vicar でよさそうである。「ローンズリ」の綴りは Rawnsley だとわかる。

では，元家庭教師の息子ノエル君はどうだろう。

> Beatrix had several young correspondents to whom she wrote illustrated letters. The most famous letter was written in 1893 to Noel Moore, the eldest son of her last governess. （fp.armitt.plus.com/beatrix_potter.htm）

フルネームは Noel Moore で，さらに「家庭教師」の意味で使われているのが governess だとわかる。辞書で意味を確認しておこう。

> **governess**: a female teacher in the past, who lived with a rich family and taught their children at home
>
> (*Longman Dictionary of Contemporary English*)

　なるほど、住み込みで（裕福な家庭の）子どもに勉強を教えていたのが governess のようである。tutor も間違いではないだろうが、当時の文化を考えると、この単語を使うのが適切だろう。

　このように調べて、ピーター・ラビット誕生前後のことを、かなり正確に英語で表現することができた。

※ 表現検索で辞書を補足

　こうした事項検索と並んで、検索エンジンを使えば、辞書では解決できない英語表現上の疑問も、ある程度解決することができる。

　たとえば、学習者からこんな質問があった。「『大きな語彙』という場合、辞書には、large vocabulary が載っていますが、big vocabulary とはいえないんですか？」

　確かに、彼女が参照した『ジーニアス英和大辞典』には a big vocabulary の例は載っていない。コロケーション辞典『英和活用大辞典』には、a bigger vocabulary という例が載っているが、build（up）の用例の中であり、なぜか vocabulary の項目では見つからない。

　そこで、Google を使って、両者を検索・比較してみよう。Google の場合、ダブル・クォート（""）で複数語をくくると、その単語が連続する文字列を検索してくれる。よって、"large vocabulary" と "big vocabulary" のように入力し、両者を検索してみた。すると、large vocabulary の方が、9万3千例、big の方が6410件と出る。big の方も使わない表現ではないのだろうが、それでも large vocabulary とは頻度が1桁違って、後者が多い。*Oxford Collocations Dictionary* や *Macmillan Collocations Dictionary* といった辞書にも、large はあっても big vocabaulary は掲載されていないことから、「大きな語彙」と

セルフチェックと発信スキルアップに活用せよ　155

いう場合，large vocabulary といっておくのが無難だとわかる。

あるいは，ちょっとした語法についても，Google で即座に確認できる。たとえば，辞書にはたいてい die of / from 〜の違いについて，「die of は次に病気などの内的要因が来て，die from は怪我などの外的要因が来る」とある。また，その違いが崩れていると書いてある辞書もある。違いがなくなっているならば，区別する必要もないので，実際に頻度を見てみたい。

そこで内的な要因・病気の一例として die of cancer と die from cancer を引いてみる。すると，die of の方が431万件，die from の方が130万件であった。外的要因の代表として injury を選び，die of injury と die from injury を検索すると，それぞれ以下のようになる。

	die of		die from
cancer	431万	>	130万
injury	8,070	<	23,800

すると，病気などの内的な要因については die of を使い，傷などの外的要因には die from を使う傾向が依然として存在することがわかる。どちらを使うのも間違いではなさそうだが，辞書記述にあるような大まかな区別は，もうしばらくは残りそうである。

※ 頻度差を基に無難な表現を探る

このように，Google などの検索エンジンを使うと，「事項検索」で事実を確認しつつ，そこで使える英語表現も確認できる。また，「表現検索」を用いれば，2個以上のよく似た表現の頻度を比較することができる。それを基に，より頻度の高い表現を使っておくと，まずは無難な英文にすることができる。

このように，辞書にはない情報，はっきりしない情報については，検索エンジンを使ってみていただきたい。英語で発信する上で，辞書を補強する，ありがたいツールになってくれるはずである。

第5章
［鉄則その5］

❖

辞書を活用した
語彙学習のコツを
押さえよ

5.1
辞書を活かす語彙学習方略

　英単語を学ぶ方法はいろいろあり，それを研究する分野もある。ここでは，そうした学習方法と辞書の関係を見てみたい。

❈ 語彙学習方略とは

　英単語を学ぶ必要が生じた場合，みなさんはどのように学習しているだろうか？　緊急度と重要度によって変わってくるが，たとえば英語検定や入試があるような場合，英単語集を買ってきて何度も見直すかもしれない。小テストの前なら，ひたすらノートに書いて覚えるかもしれない。

　このように，学習者ひとりひとりが意識的・無意識的に使っている単語の学び方を，「語彙学習方略」と呼び，その研究も活発に行われている。辞書検索をして，意味を調べたり関連情報を見るのも，そうした方略の1つである。これまでのさまざまな調査から，大きく分けると以下の3種類があることが知られている。

❈ 連想＆イメージ化方略

　これは単語をその形・音声・意味から，何らかの連想やイメージで覚えようとするもので，以下のようなやり方がある。

○単語の文字配列をそのままイメージとして覚える。
○単語の意味を，具体的にイメージして覚える。
　例：ramble を覚える際，「森の中を歩いている」イメージを思い浮かべる。
○発音の語呂合わせで覚える。
　例：kennel（犬小屋）を「犬寝る（ケン・ネル）」と覚える。

※ **知識ネットワーク活用方略**
　これは，目標となる単語に関連するさまざまな知識・情報に着目し，それらを関連付け，ネットワーク化して覚える方略である。

○同意語・類語・反意語と一緒に覚える。
　例：amber（黄色，琥珀色）を yellow, green, red と一緒に覚える。
○同一場面でほぼ同じ機能を持つ単語・表現をまとめて覚える。
　例：What's up?（調子はどうだい？）を How are you? と一緒に覚える。
○単語を，それが含まれるコロケーションや成句で覚える。
　例：jetlag（時差ぼけ）を suffer from jetlag（時差ぼけである，〜で困っている）というフレーズで覚える。
○単語の意味を接辞（接頭語・語幹・接尾語）に分解して覚える。
　例：trilingual（3言語を話す）を tri-（接頭語，3つ）と ling(u)（語幹，言語）と -al（形容詞語尾）に分けて覚える。
○単語の意味・発音等を英語辞書で調べたり確認する。
○綴りや発音が似ている単語をまとめて覚える。
　例：quay（波止場）を発音が同じ key と一緒に覚える。
○綴りがわかりやすいように，（必ずしも正確ではない）カタカナ発音と共に覚える。例：prime（主要な）を「プリメはプライム」と覚える（本来の発音が「プライム」）。

※ **繰り返し方略**
○何度も書いて覚える。
○何度も声に出して覚える。
○（オーディオ機器で）何度も聞いて覚える。
○実際のテスト形式を再現してやってみる。
○英単語リストを日本語に訳したり，逆に英訳したりして覚える。
○重要な箇所にアンダーラインやマーカーを引いて覚える。
○英語の本をどんどん読むことで，広く単語の知識を増やす。

※ 方略研究に基づいた学習アドバイス

このように，さまざまな語彙学習方略があることが知られているが，その研究が目指すところは，以下の2点である。

まず第1は，英語が得意な学習者とそうでない学習者の方略を調べ，特に後者の学習者への指導に生かすことである。

2つ目は，異なる状況では，どのような学習方略が適切かを調べることである。読解に生かす単語学習法と，英作文のための単語学習法ではやり方が異なってくるわけである。

ただし，この2点は，全般的な英語学力と共に，特定スキルの得手不得手（音声が苦手かどうか，繰り返し練習の好き嫌いなど）とも関連しているから，万人にあてはまる「語彙学習成功法則」はないと考えてよいだろう。

しかしながら，ここでは以下のような大まかな指針をアドバイスとしておきたい。

まず第1は，インプットの重視である。ある単語の発音や他の語とのつながり（コロケーションや成句）などは，英語のインプットを増やすことで，ある程度自然と身に付く。よって，やさしいレベルでの多読・多聴は，遠回りのようで，英語語彙力増進に大いに役立つ（だが，実践している人は少ない）。

もう1つは，学校や資格試験の英語で，どうしても成績が低迷している人へのアドバイスである。実は，上位学習者が無意識に使っている方略は，下位学習者はその知識不足のために使えないことが多いが，それを補うツールとして，辞書を積極的に利用する方法がある。

準備として，まず，初級または中級の「印刷辞書」とノートを用意する。『ビーコン英和辞典』『アルファ・フェイバリット英和辞典』『エクスプレスEゲイト英和辞典』『ベーシック・ジーニアス英和辞典』などがいいだろう。

そこで，たとえば読解や語彙問題で不正解だったなら，何を誤解したのか，原因を探していただきたい。すると，意外にも発音が似

た単語の混同が多数見られるはずである。以下，実例である。

(1) This life style has disadvantages *too*. (˟この生活様式は2つの不利益がある)
(2) This fish *looks like* a jellyfish. (˟この魚はクラゲが好きだ)

　こうしたうっかりミスは，実は基本過ぎて，教室の先生も気づいていない場合が多い。(1)は too と two との混同である（正解は「この生活様式には，不便な点もある」）。辞書で too（〜もまた）を引くと，「★two と同音」（『ビーコン英和辞典』）などのように，ほぼ間違いなく同音・類音の注記がある。リスニングで「ワン」と聞いて one と思い込む人も，上記辞書なら one に「★won と同音」と書いてあるのを確認しておきたい。

　このうっかりミスを防ぐために，辞書の類音の注記にマーカーで印をつけた上で，付箋を貼っておく。さらに，「too（〜もまた）と two（2つ）を混同しないように！」とノートに書いておく。

　(2)については，品詞の混同である。like は動詞だと「〜が好きだ」であるが，前置詞だと「〜のように」となる。そもそも品詞の区別が苦手な場合は，like または look の項目で look like というフレーズを探す。すると「look like　〜のように見える」（『エクスプレスEゲイト英和辞典』）という項目が見つかる。これにもマーカーをつけ付箋をした上で，ノートに「look like A（Aのように見える）と like A（Aが好き）の混同注意！」とすれば完璧である。付箋は，後でマーカー部分を確認する目印とする

　このように，印刷辞書とノートに，エラーの記録やメモを残すことを実践してみていただきたい。

5.2
語彙学習にも「アハ体験」を利用

　語彙学習では,「あ, そうなのか」という気づきがあると記憶に残りやすくなる。このメカニズムを使って, 辞書活用を考えよう。

※「気づき」の理論
　語彙学習というと, 単語帳で単語を覚えたり, 難しい単語を辞書で引いたりということが思い浮かぶが, それだけではない。

　最近の研究では, 学習者の「気づき (noticing)」が重要視されている。これは, 言葉を学習する上で,「あ, そうなんだ」という経験を重視するもので, それがあると意味ある学習が生じやすいと考えられている。これを, 心理学の用語であり, 脳科学者・茂木健一郎氏がよく使う言葉でいえば, 英語学習においても「アハ体験 (aha experience)」が必要だということになる。

　こうした気づきによって, こういう場合にはこうなるんだと, ストンと腑に落ちることがある。そうすると, それが知識として内在化され, 自分の既知の知識に統合される。ただし, 常に忘却の可能性があるから, できるだけ1, 2週間のうちに知識を追体験したり復習する機会がないと, なかなか内在化されない。

※ 気づきにおける「エイス・モデル」
　これを語彙学習と辞書活用にあてはめ, 次のような「ACE (エイス) モデル」を考えてみたい。

(1) A (Aha experience)：英語を学習する上での「あ, そうか」体験をとらえる。
(2) C (Consult your dictionary)：それを辞書で確認して理解を深め

る。

(3) E (Expand)：関連知識も確認して，知識を広げる。

(1)のステージでは，気づきがあればその機会を最大限に利用する。面白いことに，同じ刺激が与えられても，それに気づく人と気づかない人がいる。(2)において，それを辞書で確認し，(3)で，関連情報も調べておくと，単に知識が増えるだけではなく，情報を引き出す際の糸口が増える。

これを具体例で見てみよう。あなたが本を読んでいると，x———x と o-------o という，2つの線を使った折れ線グラフがあったとしよう。本では，それぞれを a cross and a continuous line, a small circle and a broken line と言及している。そこで「なるほど！」と気づくわけである。英語では「実線」のことを「つながった線」，つまり a continuous line と呼び，「破線」のことを，「壊れた線」，a broken line と呼ぶようだ。

ではさっそく，本当にそうなのかを辞書でも確認してみたい。『新和英大辞典』を見ると，「破線」は a broken line または a dashed line だと書いてある。なるほど，本で見た表現に加えて，a dashed line ともいえるのだと，知識を広げられる。ところが「実線」の方は，a solid [full] line としかない。すると，本で見かけた a continuous line という表現は，あまり使わない表現なのだろうか？

こんな時には，別の辞書を調べるのに加えて，Google で両表現を検索すると，傾向を見ることができる。さっそく調べると，a continuous line が39万件，a solid line が216万件のヒットがある。やはり，solid を使うのが多そうであるが，continuous を使っているチャートの説明も多数あることがわかる（なお，2つの表現の頻度を一気に比較・提示してくれる，GoogleFight (www.googlefight.com) というサイトもある）。

ここまでできたら，これを辞書の余白かノートにメモして，できるだけ，翌週にもう一度眺めて記憶を新たにしておくといいだろう。

※気づいたらメモ，そしてチェック

　このように，意味あるインプットにするには気づいただけではだめで，それをメモした上で辞書で確認し，できるだけ後日見直すことが必要である。もう1つの例を見てみよう。

　ロンドンに行った人なら，テーマパークでもないのに，都心に大きな観覧車があるのを知っているだろう。これを London Eye と呼ぶ。では，他の都市はどうだろうか？　そんな思いを持っている時に，こんな会話を耳にした。ここから何に気づくだろう？

"London has the London Eye. How about other cities?"
"Well, there was a big wheel in Birmingham, but it's gone now."

　どうも，バーミンガムにもあったけれども，今はないということのようであろう。さて，英語表現で気づく点であるが，「観覧車」というのを a big wheel と表現しているようである。辞書で確認しよう。

---

big wheel (1)《米略式》= bigwig　(2)《英》= Ferris wheel　(3)《俗》（大学などの）人気者　　　　　　　　　　　（『ジーニアス英和大辞典』）

---

　(1)から a big wheel は bigwig と同じということであるからこれを再度引くと，「実力者」のことだとわかる。(2)の語義は Ferris wheel と同じということで，これは「大観覧車」の意味である。さらには，この固有名詞は，1893年のシカゴ万国博覧会用に，George Ferris という人が観覧車を考案したので，その名をつけられたということ，そして，big wheel はイギリス英語であることもわかる。どうも，日本語のような「観覧」を意味する単語は，英語では使わないようである。

　と思ったら，ウェブ版百科事典 Wikipedia に発見があった。先ほどの London Eye の説明を見ていただきたい。

辞書を活用した語彙学習のコツを押さえよ　165

> The London Eye, also known as the Millennium Wheel, is an observation wheel that completed construction in 1999 and opened to the public in March, 2000.　　　　　　　　　　　（Wikipedia）

　あった！　ちゃんと，日本語同様「観覧」を意味する observation を使って an observation wheel という表現もできるようだ。前述の GoogleFight で Ferris wheel / observation wheel を比較しても，ほぼいい勝負なのがわかる。

※ 英英説明と日本語訳の比較でも

　知っている単語の英英定義を読むという練習も，気づきのためのいいチャンスである。たとえば，以下の英英定義を見て，「スイート・ルーム」と an ensuite room に差がある点に気づくだろうか。

> **ensuite room**: a room with a bathroom joined onto the room and for use only by people in that room
> 　　　　（*Oxford Advanced Learner's Dictionary* の定義を簡易化）

　日本語で「スイート・ルーム」というと，独立した居間や寝室などがある，豪華なホテルの部屋が思い浮かぶ（この場合は suite room）。だが，イギリスでよく見かける ensuite / en suite room はかなり違うようである（発音は「オンスウィート」）。上記定義から気づくのは，「（共用ではなく）バス・トイレつきの部屋」ということである。『小学館ランダムハウス英和辞典』を見ると，名詞の後ろに置く，以下のような使い方もできることが確認できる。

　a bedroom with the bathroom en suite

　では，次の例で「アンテナ」と antenna の違いがわかるだろうか。

> **antenna**: 1. an aerial (= a radio or television antenna) 2. one of the two long, thin, movable parts located on the heads of insects
> 　　　　　　　（*Random House Webster's English Learner's Dictionary*）

　2つの語義のうち、1つ目は「テレビやラジオのアンテナ」ということで、日本語と同じと考えてよさそうである。続いて、2つ目を見ると、「昆虫の頭から生えていて細くて動かせる部分」とあるので、これは何と「触角」を意味するのだと気づく。英和辞典を見れば、確かにその通りで、この場合の複数形は antennae（アンテニー）ということを教えてくれる。すると、次のような文に遭遇してもピンとくるであろう。

Insects use their *antennae* to sense what is going on around them.

　このように、「あ、そうなんだ」という機会をとらえて語彙増強にトライしていただきたい。気づくだけでは不十分である。内在化するには、できるだけメモをして、それを辞書で確認し、さらに関連情報も見た上で、次の週にそれを再確認してみていただきたい。

5.3
リスニングにこそ辞書を使おう

　リスニング練習には，辞書は無用。そう考えている人はいないだろうか？　ちょっと待っていただきたい。聞き取りだって，辞書なしで済ますと，意外に大きな間違いをしていることが多いのである。その理由は，そしてその対処法は何だろうか。

※ リスニングに辞書は無用？
　リスニング練習になると，辞書をしまいこんでしまう人がいる。ただひたすら英語の音を聞き取る，それがリスニングだと勘違いしているようだ。
　確かに，いちいち辞書を引きながら聞いて，リスニングがおろそかになっては意味がない。しかし，聞き取った内容を確認する際，特に，意味がよくわからない部分の確認には辞書引きが不可欠である。リスニングは，英語の音声を単語として聞き取れたらそれで終わりではなく，それが意味とぴったりきてこそ，理解がある。
　そうした場合，リスニングの辞書引きには，リーディングと共通の点もある反面，リスニングならではの検索テクニックも必要である。こうした点を以下で見ていこう。

※ ちゃんと聞き取ったけれど…
　まずは，実際に観察された，Aさんによる書き取り文から見ていこう。

　She is my only *air*.（彼女は私にとって空気のような存在だ）
　Flowers have *pistols*.（花にはピストルのような部分がある）

　Aさんはちゃんと辞書を引いたが，airやpistolのいろいろな語義

を見ても，この文脈にあてはまりそうなものは見つからなかった。そこで，苦し紛れに「空気のような存在」「ピストルのような部分」と訳している。

　この場合，Aさんもちょっとした辞書情報に気づくと，こうした間違いは防げたのである。それは「同音」の注記である。たとえば，airを『フェイバリット英和辞典』『ウィズダム英和辞典』で引くと，それぞれ発音記号の隣に「［同音］heir」「heirと同音」と注記がある。そこでheirを見ると，「（遺産等の）相続人」だとわかる。これだと，上記の英文はShe is my only *heir*.（彼女が私の唯一の相続人だ）となり，意味がぴったりくるのがわかる。このように，「同音異義語」情報を見落としていたのが，修正できなかった原因だったのである。

　2つ目の文はどうだろう。pistolを見ると「［同音］pistil」（『ジーニアス英和辞典』）のような注記がある辞書もあるし，そうでなくても，直前または2つ前の見出し語にpistilという単語があることがわかる。意味は「めしべ」で，発音は /pístl/ であり，pistolと同音なのだ。つまり，ここでも同音の単語と取り違えたのが原因で，先ほどの文は，正しくはFlowers have *pistils*.（花にはめしべがある）だったのである。

※ 聞き取りミスの訂正問題

　ただし，意味がぴったりこない場合，同音異義語を疑う前に，まずその単語自身の語義を確認するのが先決である。たとえば，Can you pitch a tent? という文を聞き取ったとしよう。「テントを投げられるか？」ではおかしいからと，pitch（投げる）の同音語を探す前に，まずはpitch自体の意味で，適当なものがないかどうかを探してみよう。すると，「（テント・キャンプなど）を張る」（『オーレックス英和辞典』他）という意味がちゃんと見つかる。よって，上記の文は聞き取りは正しかったけれど，pitchの複数語義の1つを知らなかっただけだとわかる。こうした場合も，辞書をよく確認することで，意味を含めた，的確なリスニングができるようになる。

では，以下でいくつか練習してみよう。この4つの文は，リスニングで書き取った文とそれに基づいた訳である。どれも大変おかしな訳になっている。そこで，どうしてこんなことになったのか，本当はどういう文を聞き取ったものなのかを，辞書の助けを借りながら考えてみていただきたい。どれも，実際に音声を聞き直さなくても，辞書情報から訂正が可能なはずである。

(1) My Mum is a little horse today and needs the spray.（お母さんは今日はじゃじゃ馬で，（おとなしくさせるのに）スプレーが必要だ）

(2) Lambs gamble on the lawn.（子羊のような人は芝生でギャンブルする）

(3) Our four bears came in the mayflower.（私たちの4匹の熊はサンザシの花でやって来た）

(4) The TV says a man held up a bank.（TVで誰かが銀行を持ち上げたといってる）

※ 辞書を見ながら訂正すると

では，辞書を確認しながら正解を見ていこう。(1)は「お母さんが馬」ではおかしいので「じゃじゃ馬」とひとひねりしているが，まだまだ意味不明の文になっている。ここはやはり horse を疑って辞書を見る必要がある。すると，同音語に hoarse があることがわかる（『オーレックス英和辞典』他）。そこでこちらを見ると，「声がかれた，しわがれ声の」だとわかる。これなら My Mum is a little hoarse today の部分は「お母さんは，今日はちょっと喉がかれている」となる。残りの ... and needs the spray の部分は，「（喉の痛みを軽減する）喉スプレーが必要なの」ということだ。

(2) については，確かに lamb には「子羊」以外に，「無邪気な人，だまされやすい人」といった意味もある。でも，それでは「芝生でギャンブル」とはとても結びつかない。

この場合，gamble に「［同音］gambol」（『ジーニアス英和』）のよう

170 第5章［鉄則その5］

な注記がある辞書もあるし，そうではなくても gamble の 2，3 語下の見出しに gambol が見つかる。発音は gamble と同音または類音で，意味は「(子ヤギや子どもが) はね回る」ことだとわかる。なるほど，これならば，Lambs *gambol* on the lawn.（子羊は芝の上ではね回る）となり，納得である。ちなみに，*Oxford Advanced Learner's Dictionary* の gambol の項には lambs *gambolling* in the meadow（牧草地ではね回る子羊）という用例がある。

　(3)はペットが熊なのかと思わせるが，それにしても「花でやってくる」では意味をなさない。ということで，まず，最初の誤解は，four bears である。これには同音語で forebears / forbears があり，「先祖」という意味である。さらに，mayflower は「(17世紀にイギリスからアメリカに渡る移民を乗せた) メイフラワー号」(the Mayflower) のことである。よって，全体は，Our forebears came in the *Mayflower*. で「私たちの祖先はメイフラワー号でやって来た」となる。

　(4)はどうだろう。「銀行を持ち上げた」では意味をなさないから，held up か bank かのいずれかが問題だと推測できる。ただし，この文については，音声の聞き違いや同音異義語ではなく，hold up の多義性を知らなかったのが原因である。hold up には確かに「〜を持ち上げる」という意味もあるが，「(銃を突きつけて)＜銀行・店など＞で強盗を働く)」(『ウィズダム英和辞典』) という意味がある。よって，この場合は，単語レベルでは正しく聞き取れているものの，多義語の意味検索が不十分だったわけである。全体の意味は「TV で男が銀行強盗に入ったといっている」となる。

※ 電子辞書も役立つ

　このように，リスニングでは，リーディングと違って，単語が正しく聞き取れたかどうかを常に自己モニターしながら，学習を進めていく必要がある。そうした場合，電子辞書を平行して引いてみると，検索が容易になることもある。

　まず，先ほどの「子羊がギャンブル」の例であるが，lamb（子羊）

辞書を活用した語彙学習のコツを押さえよ　171

がポイントなので，学習用電子辞書ならば，この単語が出てくる用例全てを全ての収録辞書から検索することが可能である。たとえば，セイコーインスツル社の電子辞書の1つ（『ジーニアス英和大辞典』『Oxford 現代英英』他を収録）で lamb を例文検索してみると，以下のような例文がヒットする。

> The *lamb* gave a faint bleat.（その子羊はメェーと弱々しく鳴いた）
> breast of *lamb*（子羊の胸肉）
> *lambs* gambolling in the meadow（牧草地ではね回る子羊）

このように検索すると，先に挙げた gambol を gamble と勘違いした例文がちゃんとヒットしていることがわかる。

次に，電子辞書では，アルファベットを1文字入力するたびに，候補単語を逐一リストで表示してくれる機能もある。書籍と違って，リスト表示の場合は，見出し語だけの表示であるから，概観するのにも便利である。たとえば，先ほどの four bears の例も，何かよく似た単語はないかと，for，forb のように入力していくと，一覧から forbear / forebear が簡単に見つかる。

※ リスニングにこそ辞書を

このように，リスニングをする際にも，音声的に，そして意味的にはっきりしない点を，辞書を引いて確認してみよう。きっと多くの発見があるはずである。

＊本節の英語問題は，以下の子どもによることばの誤解を楽しむ（大人のための）絵本を参考にして作成した（その後，いくつかの出版社から再版されている）。

Gwynne, F.（1970）*The King Who Rained*, Simon & Schuster.
　　　（1976）*A Chocolate Moose for Dinner*, Simon & Schuster.
　　　（1988）*A Little Pigeon Toad*, Simon & Shuster.

5.4
辞書を多読に生かす

英語の語彙力をつけるには,多読が効果的である。でも,多読のコツは「辞書を引かない」こととする指南書が多いのも事実。ここでは,多読と辞書活用の関係を考えておこう。

❋ 多読の効用

英語の語彙力をつけるボキャビルには,2つの方法がある。1つは,「試験に出る3000語」のような単語集を用いる意図的語彙学習である。もう1つは,英語をたくさん読んだり聞いたりしながら無意識に覚えていく付随的語彙学習である。

ボキャビルには両面が必要で,前者は短期間で大量の語彙を覚える場合には有効である反面,自然な語彙の使い方を長期記憶するには後者が有利だと考えられている。

付随的語彙学習の基本は,大量にインプットをする多読・多聴である。しかし,英語の本1冊をいきなりは読めないと躊躇する人,話題のペーパーバックを買い込んでは,積読になっている人も多いだろう。そうした人には,オックスフォード大学出版,ペンギン,マクミランなど数社から多数出ている段階別読解教材(graded readers)がお勧めである。いずれも,語彙・文法項目を厳選したレベル1から順次高いレベルまで用意されている。英語の本を一度も読み通したことのない人は,ぜひ,500語前後の統制語彙で書かれた初級レベルから始めるといいだろう。こうした多読教材には,音読CDが用意されている場合もあるから,平行して活用することもできる。

こうした多読教材を読む場合,多くの指南書は「辞書を引かない」「どんどん読む」「楽しめるものを読む」ことが重要だとしてい

る。日本人学習者は，辞書を引き引き和訳しながら英語を解読する「精読」に慣れてしまい，2つぐらいパラグラフがあれば「長文読解」と考えてしまうのが通例である。よって，1週間で数十ページある1冊の本，あるいはそれ以上の長さがある本を読破することを勧める多読学習に取り組むには，大きな意識改革が必要である。それだからこそ，本を読破したあかつきには，英語の本を読み通せた，自分も結構いけるじゃないかという達成感を感じることができる。

※ 辞書は引かないけれど

　上で述べたように，多くの多読指南書は，辞書を引かずに，わからない部分があっても，意味を推測するか，それを気にせず飛ばして読むことを勧めている。最初は抵抗があるかもしれないが，筆者もこの方法を勧めたいと思う。

　では，多読において，辞書の出番はないかというと，そんなことはない。次の方法を試していただきたい。それは，「なるほど！」と感じる表現に出会ったら，まず，そこに下線を引いておく。わからない単語や難しい表現に引くのではない。あくまで，辞書を引かずに意味が推測できた表現のうち，こういえばいいのか，こういえるのか，と感心した表現に下線をつけておくのである。

　そして，1冊読み終えた際に，そうした「なるほど」表現にざっと目を通す。ほとんどの場合は，「そう言えば，こんな表現もあったな」と思い出すだけでいいだろう。ただし，特に気になった場合には，それを辞書でもチェックしておく。あくまで，辞書を使わない多読中ではなく，1冊読破した際の儀式として行なう。

※ やさしい語彙にも役立つ表現がいっぱい

　入門レベルの多読教材は，500語前後で書かれたものが多いことは上で述べた。

　この場合の「500語」というのは，総語数ではなく，使われている語彙の種類を示している。これは，原形と活用形を1つと数えるも

ので，専門的には「レマ（lemma）数」とか「見出し語数」と呼ばれるものである。たとえば，動詞の go, goes, went, gone, going は，これ全部で１レマとなる。形容詞 kind, kinder, kindest ならば，この３語で１レマとなる。

では「500（レマ）語」というのは多いか少ないかというと，中学の必修語彙が1200レマ足らずであるから，中学修了程度の語彙数があれば十分に対応できると考えておけばいいだろう。

何だ，中学レベルか，じゃあ，すらすら読めて，学ぶべき語彙表現もほとんどないだろうと考えるのは早計である。やさしい語彙でも，役立つ表現が満載なのである。

たとえば，*The Piano*（オックスフォード大学出版）という700語レベルで書かれた本を見ると，「大変楽しんだ」ことを表現するのに，I enjoyed every minute. といえばいいことを教えてくれる。How many concerts have I given? という文からは，WH疑問文の作り方に加えて，「コンサートをする」というのが give concerts というコロケーションであることがわかる。「ピアノの鍵盤上で指が踊る」と表現しようとすると，英語教師でも考え込んでしまうだろうが，それが His fingers flew over the keys. / Her fat little fingers flew like birds up and down the keys of the piano. などといえばいいことをすらりと教えてくれる。

ほとんどが知っているやさしい単語だから，たまに知らない単語があっても，ほとんどの場合，推測が可能である。たとえば，以下の the tap は何だと思うだろうか？

> There was a little kitchen. Tony turned on *the tap*. He took a long drink and filled his bottle.

台所にあって，それを回して水を飲んだり，水筒に水を入れたんだから…そう，「水道（の蛇口）」だろうと推測できる。１冊読み終わって見直した際に，これが正しいかどうか気になるようなら，その時点で辞書で確認すればよい。『プラクティカル・ジーニアス英

和辞典』には，ちゃんと「turn on [off] the tap 蛇口を（ひねって）開ける［閉める］」というコロケーションが用例になっている。小さい辞書だと載っていないこともあるから，辞書に「turn on the tap 水道の水を出す」とメモしておくのもいいだろう。

※ 和英でも確認してみよう

　実際に，1つ1つの語彙はやさしくても，それを組み合わせると豊かな表現ができることにあらためて驚かされるはずである。読了後には，上で述べたように，そうした表現を英和辞典で確認するのもよし，場合によっては，和英でも調べてみるといいだろう。

　たとえば，700語レベルの *Love Story*（オックスフォード大学出版）では，以前と違って1人の女の子とばかりデートするオリバーに対して，友人が次のようにいう場面がある。

> You spend every minute of your free time with her. (...) *That girl's got you*, and I don't like it!

　この That girl's got you. は，「あの娘のとりこになっちゃたな」と解釈したいところである。しかし，用例が豊富な『研究社和英中辞典』で「女のとりこになる」を見ても，lose one's heart to [be enamored of] a woman というちょっとやっかいな表現しか載っていない。

　あるいは，娘の過酷な闘病生活を目の当たりにして，父親が I can't take this much longer. と漏らしている。「（この状況を）そう長くは我慢できない」ということだろうと推測できる。でも，『和英中辞典』の「我慢」の項目には，He could no longer stand the pain.（痛くて我慢しきれなくなった）他があるが，take を使った用例がない。

　このように，やさしい多読教材でも，こうした「斬れる」表現と多数遭遇することができるのである。読者のみなさんも，ぜひ実践してみていただきたい。

5.5
辞書を片手に映画を「聞く」

　英語学習に映画を活かしてみたい，と誰しも一度は思ったことがあるだろう。各地の公開講座でも，映画を使った英語学習法は人気があるようである。ここでは，そうした映画を使った語彙学習の留意点と辞書の活用について考えよう。

※ 一昔前はみんな英語音声を求めていた
　1980年代あたりまでは，日本でも英語の音声がすぐ手に入る状況ではなかった。かろうじて，カセットテープは普及しだしたが，教材も機器も高価で，まだまだ気軽に英語音声を聞くという状態にはならなかった。気軽さが売り物のウォークマンも，初代のそれは1979年発売であるが，大卒初任給が11万円の時代に，3万3千円もしたのである。その後，オーディオCDが登場するが，今日のように，千円少々の英会話本を買えばCDがおまけで付いてくる，といった状況は，想像すらできなかった。

　そうした中で，当時から注目されていたのが映画である。レンタルビデオショップはまだなかったので，実際に映画館に行って，英語辞書をライトで照らしながら同じ映画を3回見た，といったことが「英語修行」として語り継がれたりした。

　その後，テレビでもぽちぽち2ヶ国語放送が始まるが，ビデオレコーダを持たない人は，深夜の映画放送時間まで起きていて，それをカセットに録音する，といったことがなされていた。

　そして時は流れ，今やVHSはすっかりDVDに主役の座を明け渡した。DVDならば，1つの映画を見る際に，英語音声と日本語吹き替え，日本語字幕に英語字幕といった，20年前には夢ですら見ることができなかったリッチな学習環境を得ることができる。これを活

用しない手はない。そこで,以下のような学習方法を試してみてほしい。

❋ 準備編
　この段階では,映画館にもレンタルショップにも行く必要はない。手始めに,TVの2ヶ国語放送を利用することができるからだ。もちろん,レンタルショップでお気に入りの映画タイトルを借りたり,購入するのでもいいだろう。この場合,DVDならばボタン操作で英語字幕の確認が画面上でできる。DVDとTV映画の標準的な特徴は次の通りである。

	TV 映画	DVD
英語音声	◎	◎
日本語吹替	◎	◎
英語字幕	×	◎
日本語字幕	×	◎

（◎は通常オン・オフが可能なもの）

　映画の準備ができたら,まずは「日本語吹替+字幕なし」で見よう。これは,日本語に力点を置いてストーリーを頭に入れるためである。DVDの人は,英語音声+日本語字幕で始めてもいいだろう。
　次に,英語音声のみ(TV映画)または英語音声+英語字幕(DVD)で,今度は英語音声に留意して鑑賞してみよう。DVDならば,この段階で,英語字幕を目で確認することもできる。ただし,1シーンでの表示文字数が限られているので,セリフと字幕は完全に合っていないこともあるが,過度に気にする必要はない。
　こうして2〜3回画像つきで見たならば,今度は音声だけをICレコーダやMDレコーダ等に録音する。DVDプレーヤには音声(通常ステレオ)のOUT端子が2つ(赤と白)あるから,これを音声ケーブルでレコーダのIN/AUX端子につなぐ。MD側はステレオ式ミニプラグになっていることが多いので,一方がビデオ音声端子2本に

分かれ，片方がミニプラグ1本になっているケーブルを用意することになる。わからなければ，家電店で聞いてみるといいだろう。

実は，ここまでが準備編である。本番は，この音声だけを何度も何度も繰り返して聞くことである。隙間時間を利用しながら，1作品あたり最低20回聞くのを目安としていただきたい。

※ 発音と英単語を結びつける

何度聞いても，聞き取れないところが出てくる。この場合，DVDがまだ手元にあれば，当該箇所で英語字幕を出して確認する。あるいは，気に入った映画ならば「シナリオ本」を用意するといいだろう。

これはその映画タイトルの全セリフを書き起こし，さらに日本語訳や注釈を加えたものである。主要な英語のシナリオ本はスクリーンプレイ社，アルク社，DHC社などから書籍として発売されている。日本で上映されて話題になった映画なら，まず間違いなくシナリオ本化されているから，確認するといいだろう。

たとえば，『スクール・オブ・ロック』という映画を見ると，奥さんのことを「シズフェダッ・」といっている箇所がある。どうしても英語がわからない場合，同作品のシナリオ本（スクリーンプレイ社）を見てみたい。すると，She's fed up.（彼女はうんざりしている）といっていたのだとわかる。

「ワッチョネッ・」と聞こえる部分を引くと，何のことはない，What's your name? であるのがわかる。「Why didn't you レイジョヘーン・?」を調べると，Why didn't you raise your hand? であることがわかる。それで一歩前進である。

こうした練習を積めば，きっと次の機会には，音声と英単語がすんなり結びついてくるはずである。

※ 成句となった短文はどれだ？

このように，音声面から，映画はいいリスニング教材になる。しかし，それと同時に，通常の活字教材からは得にくい口語表現の宝

庫でもある。それも，音声と表情つきであるから，これを利用しない手はない。

　そうした場合，まず，最初に着目するポイントは，簡単な単語からできている，「なるほど」「そうね」などに相当するあいづち表現である。短いだけに，見落としがちであるが，よく使われるものが1作品の中で多数登場する。どういう場面で使われていたかと共に，記憶にとどめておくといいだろう。

　　You know what?（いいでしょうか？）
　　Guess what?（どうなったと思う？）
　　Fair enough.（結構。申し分なし）
　　You could say that.（その通りだ）
　　Let's move on.（先に進もう）
　　You're just saying that.（お世辞をいってるのね。口先だけね）

　こうした表現は，1つの文全体が成句となったものである。こうした表現だけを集めた会話本を眺めるのもいいが，映画ならば，自然な文脈の中でストーリーを楽しみながら覚えていくことができる。

※ 辞書で再確認を

　一方，字幕やシナリオ本で意味がわかっても，なおしっくりこない表現にも多数出会うはずである。そうした場合は，その中の単語に思わぬ意味が隠されていることが多いので，辞書で確認するといいだろう。たとえば，次のような表現とその訳を知ったとする。

　　I have a headache and *the runs*.（頭が痛くて下痢をしている）

　the runs が「下痢」のようであるが，辞書で確認してみよう。『ジーニアス英和辞典』を見ると，これは必ず the runs の形で用いて，「水が流れていく」イメージから，「下痢」の意味になったようである。*Longman Advanced American Dictionary*（*LAAD*）を見ると，医学用語 diarrhea（ダイアリーア：「下痢」）と同じ意味であることがわかる。な

お，多くの辞書には，ここで出てきた get the runs（下痢になる）のような用例がないから，ページの余白にメモしておくといいだろう。次はどうだろう。

I'll assign the rest of you *killer positions*. (残りのみんなにも飛びっきりの仕事を与えてやるからな)

killer position が「飛びっきりの仕事」となっているが，*LAAD* を見ると killer には形容詞用法があり，その第1語義は次のようになっている。

> **killer**: [SPOKEN] very attractive or very good: *The concert was killer*.

なるほど，口語では「大変すばらしい」という意味で使うことがわかって納得である。もう一例。

They don't want any *lip*. (口答えするなって)

『ウィズダム英和辞典』で lip を引くと，「生意気な言葉，失礼な言葉」という意味が見つかる。特に大人が子どもに使う表現だそうで，用例にも Don't give me any of your *lip*!（口答えするな）とあるから，これもなるほどとわかる。

※ 映画と辞書を使った学習法を見直そう

このように，映画は画像と音声と文字を一緒に学べる総合的な学習ツールである。俗な言葉を覚えてしまうのでは，といった心配もあるが，その映画の中で，誰がどういう状況で言っているかがわかれば，だいたいは見当がつくものである。そうした場合は，辞書を引いてその表現の使い方を確認すればいいわけである。

ぜひ，辞書を片手に，映画という，臨場感に溢れる英語教材を活用していただきたい。

5.6
誤訳に学ぶ辞書活用のポイント

　学校であれ個人であれ，英語学習をしていく上で避けがたいのが「誤訳」である。誤訳は誤解に基づくものであるが，辞書検索における失敗についても多くのことを語ってくれる。それを見直すことで，効果的な辞書活用方法を身に付けることが可能だ。

✻ 誤訳のパターンに学ぼう

　外国語としての英語を解釈する上で誤訳はつきものである。それは長い学習過程の勲章のようなものだと考えていただきたい。ただ，それをパターン化して，辞書引きの注意ポイントとして意識化することで，そうした間違いをかなり防ぐことが可能になる。

　ここでのキーワードは「思い込み」である。実際の（ちょっと愉快な）誤訳の実例を見ながら，対策を考えていこう。

✻「試験問題に座ると緊張する」？

　この珍訳の元は以下の英文である。

I get really nervous when I'm sitting an exam.

　試験問題の上に座っておまじないをしているところ？　ちょっと変であろう。ということで辞書を見ると，

《英》sit (for) an examination（試験を受ける）（『ジーニアス英和辞典』）

とある。つまり，sit an exam / sit for an exam は，主としてイギリス英語で使われる表現で，take an exam と同じく「試験を受ける」ということである。

ポイントしては,「試験」と「座る」ではつながりが悪いこと,そして,sit の次に名詞 exam が来ていることから,「他動詞」としての sit に隠れた意味があると推測した上で,辞書を見てみるといいだろう。

　よって,正答は「試験を受けている時には緊張する」となる。

※「日本では熊の腕は食べてはいけない」？

　以下の英文の意味は,「豚足は食べていいけれど,熊の腕はだめ」？　そんな法律が日本にある？　どうも二重三重に誤解があるようである。

You are not allowed to bear arms in Japan.

　まず,be allowed to は You are allowed to go.（行ってもいいですよ：『コア・レックス英和辞典』）という用例からわかるように,to の後には動詞の原形が来る。つまり,to 不定詞の to であり,次に名詞がくる前置詞 to ではない。能動態に戻せば,A is allowed to do（by B）→ B allows A to do という型になる。

　すると,上例 bear arms は「熊の腕」のような名詞ではなく,動詞句だと考えなくてはいけない。誤訳例は,苦し紛れに eat を適当に補って解釈しているが,もちろんこれは不適切。そこで辞書を調べると,bear arms で「武器を所有する」（『ウィズダム英和辞典』）という意味だとわかる（電子辞書なら bear&arm で例文検索すると簡単である）。つまり,bear が「携帯する,持ち歩く」,arms が「武器」という意味である。後者については,*Farewell to Arms*（『武器よさらば』）というヘミングウェイの作品名も合わせて覚えておくといいだろう。

　よって,正答は「日本では武器を携行することは許されていない」となる。

　このように,bear =「熊」,arms =「腕」とするのは単純な思い込みであることがわかる。こうした,いろいろな語義を持つ語を「多義語」あるいは「同綴異義語」（語源が異なるがたまたま同じ綴り

辞書を活用した語彙学習のコツを押さえよ　　183

を持つ語）と呼ぶが，なまじ意味を知っている単語がある分，誤訳する可能性が高くなる。でも，そうした場合には，文法構造をよく観察することや，意味が不自然であることから，誤りに気づける場合も多々ある。

※「政府の研究予算は適切だった」？

これは日本語を見る限り破綻はないが，原文は以下である。

The government appropriated funds for the research.

ここでの最大の誤りは appropriate を「適切な」という形容詞の意味で推し量っている点である。でも appropriated に着目すると，ed 形，つまり過去形になっていることから，これは動詞だと考える必要がある。そこで，形容詞を飛ばして動詞の意味を辞書で見ると，次の意味が見つかる。

---
appropriate［動］［他］（特定の目的のために）使う，充当する
（『ユースプログレッシブ英和辞典』）

この辞書での例文 He *appropriated* the extra income *for* the payment of the debt.（彼は臨時収入を借金の返済にあてた）から，appropriate A for B（A を B にあてる）の型も確認しておこう。よって，正答は「政府はその研究に予算を割り当てた」となる。

形容詞 safe（安全な）に対する名詞 safe（金庫）の例からもわかるように，品詞が変わると自動的に意味が推測できない場合も多い。よって，馴染みの品詞と異なる品詞で使われる場合は辞書でチェックする習慣をつけたい。

※「議長はもっと詳しく説明するために訪問して来た」？

これも日本語訳だけを見る限り，特に不自然さはない。

The chairperson called on me to explain the situation in more detail.

　上例は会議中での1コマであるが，いきなり議長がつかつかと「私」のところにやってきたわけではない。もちろん，会議後に「自宅訪問」したわけでもない。

　ここでの最大の問題は動詞型の誤解である。call on A は，確かに「〜を訪問する」という意味がある。でも，さらによく見ると call on A to do で「A に（〜するよう）求める，要求する：『ユースプログレッシブ英和辞典』）という意味になることがわかる。つまり，この文における call on の型は，call on A で終わりではなく，もっと長い call on A to do なのである。辞書用例の I *called on* him *to* answer.（私は彼に答を要求した）も確認しておく。

　このように，動詞については，後続する名詞（＝目的語）の後にさらに to 不定詞や動名詞（＝動詞の ing 形）が続く場合には，それも動詞型の一部なのでは，と疑っておく必要がある。これを「動詞型の最大一致の法則」と覚えておくといいだろう。類例に appeal to A to do（A に〜するように要求する）がある。

　よって，正答は「議長は，状況をさらに詳しく説明するように私に求めた」となる。

※「これは純真な人の心には長過ぎたコースだった」？

　以下の例は，学習者自身が聞き取った書き取りと，その解釈例である。

This has gone on too long, course too much, and heart too many innocent people.

heart too many innocent people を「純粋な人の心」と訳すなど，構造を無視していることがわかる。このように，リスニングで意味がうまく取れない場合は，単語の聞き取り自体にも問題があると疑った方がいいだろう。まず course too much であるが，ここでの正しい

辞書を活用した語彙学習のコツを押さえよ　185

単語はcost too muchである。costの語末の/t/が，後続する単語の/t/と重なって聞き取りにくくなっている。同様に，heart too many ...の部分は，音がよく似ているhurtをheartと聞き間違えている。ちなみに，『プラクティカル・ジーニアス英和辞典』では，heartを見ると，同音でhart（雄ジカ），類音でhurtがあることが記されており，聞き取り間違いに有益な情報を提供してくれる。

　このように，リスニングにおいては，辞書を見ても意味がうまく取れない場合には，発音の同化現象や類音／同音のために，別の単語と誤解していないかをよく確認してみたい。

　ということで，英文はcourse → cost, heart → hurtと訂正して以下となる。

This has gone on too long, cost too much, and hurt too many innocent people.

正しい意味は「この問題は尾を引き過ぎ，費用がかかり過ぎ，無実の人を傷つけ過ぎた」となる。ちなみに，これは前大統領ビル・クリントンが自らの女性問題について謝罪したスピーチの一部である。

　このように「思い込み」だけで処理せず，意味がしっくり来ない，文法構造がちょっとおかしい，聞き取った単語のつながりがおかしい，といった場合にはぜひ辞書で確認してみていただきたい。

5.7
スキル別の電子辞書検索と活用

電子辞書は強力な検索能力を有している。各社のハードウェアは，ユーザー・インターフェイスにある程度の個性があるものの，基本はほぼ同じと考えていい。ただし，ユーザー側がこれを見過ごしている場合も多いので，基本的な機能を確認した上で，スキル別に電子辞書を語彙学習に活かす方策を見ていこう。

※ リーディングと電子辞書

ではまずリーディングにおいて，次のような文に出会ったとする。

Her affair with Bill Clinton caused the impeachment of the former President.

ここで affair と impeachment の意味がわからなくて電子辞書を引く場合を想定してみよう。一般に，未知語を引くには(1)文脈から意味を推測して引く，(2)前後の語とのつながり（＝コロケーション）に着目して引く，という2つの方法がある。これは印刷辞書でも電子辞書でも同じであるが，後者については，電子辞書ならではの検索ができる。

たとえば，affair については，後ろに with が来ているから，"affair with" というつながりを辞書の用例から検索できる。これを「用例検索」と呼び，今ではほとんどの機種がサポートしている。さらに，収録する英語辞書全ての用例から一挙に単語を検索できる「複数辞書検索」（名称は各社で異同あり）をサポートしている場合も多い。そうすると，用例検索窓にて "affair&with" と入力すると，英和・英英・類語・和英辞典等において affair と with を含む全ての用例が表示される。結果は，たとえば以下のようなものがヒットする。

> have an affair with ... 〜と関係を持つ（『リーダーズ英和辞典』）／〜と浮気をする（『ジーニアス和英辞典』）
> an affair with a married man　　　　　　（*Oxford Thesaurus of English*）

よって，affair with A という表現は「A との浮気」という意味だと考えてよさそうだとわかる。

次に，impeachment についても"cause&impeachment"と入力して検索してみよう。残念ながら，両語が使われる用例はなさそうである。こうした場合は，impeachment のみを検索すると，「（行政官の非行に対して）弾劾（すること）」（『ジーニアス英和大辞典』）だとわかる。ただし，辞書にはなかったものの cause impeachment（弾劾を生じさせる，弾劾の原因となる）というつながりは押さえておこう。これで，最初の例文は「彼女がビル・クリントンと浮気をしたことで，この前大統領（＝クリントン）は弾劾された」という意味だとわかる。

このように，読解においては，単に単語の意味を調べるだけではなく，当該語がどのような単語と一緒に用いられているかを確認するようにしよう。これによって，単一の単語ではなく，単語をコロケーションのかたまりとして意識化する練習ができる。

✻ リスニングと電子辞書

リスニングにおいても電子辞書は効果を発揮してくれる。リスニング力向上のため，TV やラジオで英語のニュース等を聞いていても，必ずしも聞いた英文を活字で確認することができない。こうした場合，聞いた単語の意味だけではなく，語と語のつながり，つまりコロケーションを確認して記憶定着を図るといい。

たとえば，「公道における road rage が問題になっている」ことがかろうじて聞き取れたものの road rage の意味がわからないとする。

こうした2語以上からなる名詞の場合，1）見出し語になっているのか，2）用例に含まれるのか，3）成句になっているのか，は

明確ではない。よって，複数辞書検索でそれぞれに対応する1）見出し語検索，2）用例検索，3）成句検索を順次調べればよい。その際，用例・成句検索では "road&rage" と&検索を行い，見出し語は "roadrage" と空白なしで入力して検索する（見出し語検索窓では&が使えないため）。

この場合は，見出し語検索でいろいろなヒットがあるはずだ。たとえば，『グランドコンサイス英和辞典』ならば road rage について「交通渋滞などがもたらすドライバーの逆上［激怒］」という意味だとわかる。英英辞典でも，たとえば以下のような定義が見つかる（使用機種によって，ヒットする辞書は異なる）。

> **road rage**: a situation in which a driver becomes extremely angry or violent with the driver of another car because of the way they are driving　　　　　　　　　　　　(*Oxford Advanced Learner's Dictionary*)

英和辞典にて意味を確認した上で英英定義を見れば，その内容はかなりわかりやすいはずだ。ついでに，a situation in which 〜（〜という状況），become angry / violent with 〜（〜に怒る／暴力を振るう），the way people drive（人の運転の仕方）といった表現にも注目しておこう。

さらに，用例検索では，たとえば *COBUILD Advanced Learner's English Dictionary* を収録する機種ならば，以下の例文が見つかる。

> Two women were being hunted by police after a *road rage* attack on a male motorist. / A Times reporter yesterday became another victim of *road rage*.

ここから，a road rage attack on A（Aへの路上激怒による暴行），become a victim of road rage（路上激怒の被害者になる）といったコロケーションを押さえておけば，将来の活用の幅が広がるはずだ。

このように，リスニングにおいても，単に音声を聞き取るだけで

はなく，その意味を確認し，読解同様，コロケーションまで確認するように習慣づけたい。

※ スピーキングと電子辞書

ここでは，電子辞書を使った英会話練習の方法を伝授したい。まず，ひとりで練習する場合は，日本語でも英語でもいいから，身近な単語（最初は名詞がよい）を1つ選ぼう。たとえば「本立て」とか「目覚まし時計」などである。対応する英語を知っている必要はない。選んだら，その単語を英語で自分なりに説明してみる。たとえば「本立て」なら，This is a thing. We use it to make books stand on a bookshelf. といった調子である。

終わったら，その英語を英英辞典で調べよう。英訳を知らなければ，和英を使って調べてみる。「本立て」ならば bookend である。収録辞書によって，たとえば以下のように定義されている。

---

bookend: one of a pair of objects that you put at each end of a row of books to prevent them from falling over
  (Longman Dictionary of Contemporary English)
bookend: one of a pair of objects used to keep a row of books upright
  (Oxford Advanced Learner's Dictionary)

自分の定義と比べると，似ている部分もあるし，ああそう言えばいいんだ，と感じる箇所もあるはずである。たとえば，put A at each end of B（AをBの両端に置く），prevent A from falling over（Aが倒れるのを防ぐ），keep A upright（Aを立たせておく）などである。

そう感じたら，自分なりに（多少の間違いは気にせず）便利だと思った表現を再利用して，以下のように定義し直してみよう。

We put *bookends* at each end of books to prevent them from falling over.
Bookends are things to keep books upright.

これによって，有用な表現を定着させたり，事物を英語で説明する練習になるわけである。

クラブや勉強会などで会話練習を2人以上でする場合には，これをListen and Guessというクイズ形式でやってみよう。まず，出題者1名と残りを解答者とする。出題者は任意の単語（名詞）を選ぶ。日本語しか知らない場合は，その英訳を和英で調べてもよい。次に，英英辞典でその見出し語に飛び，その英語の定義を読み上げる。その見出し語自体を読んではいけない。聞いている人は，それが何かを，英語（できなければ日本語）で当てることができれば正解である。正解が出たら，次の人が出題者となる。

たとえば，「日射病」を選んだとする。対応する英語を知らないので，電子辞書の和英で調べるとsunstrokeだとわかる。ジャンプ機能を使って英英に飛び，それを解答者に対して読み上げる。

> **sunstroke**: an illness with fever, weakness, headache, etc. caused by too much direct sunlight, especially on the head
> （*Oxford Advanced Learner's Dictionary*）

これに対して，相手が"sunstroke"や「日射病」と答えられればよし，わからなければ，再度読み上げたり，自分なりの情報を付け加えたりする（たとえばYou get this in very hot summer.など）。

こうすると，質問者は説明することで，解答者はリスニングをすることで，事物の説明の方法を学んでいくことができるわけである。

※ まずはいろいろな場面で使ってみる

電子辞書の特徴は，収録辞書が多く，それぞれの辞書を行き来することが大変容易な点である。この特徴を利用し，単語の意味を確認するだけではなく，その後のコロケーションや英英定義を見たり，発信に活かすことで，多面的な語彙学習が可能となる。

5.8
英会話教室で辞書を活用する

　読者の中には，英会話教室に通っていらっしゃる方も多いだろう。そうした会話練習中は，辞書を引いている暇なんてない！　と感じることが多いはず。でも，そんな場合にも辞書を活用するためのポイントがある。

※ 会話練習に辞書はいる？　いらない？
　筆者は，学習者の辞書の使い方など，英語学習法・教授法に関わる大規模実験に関わることがしばしばある。しかしながら，そうした客観的な大規模データに，負けず劣らず有用な「知見」を提供してくれるのが，連れ合いの英語学習を観察することである。

　私の奥さんは「中学時代は英語教師が気に食わなかったので，授業はほとんど聞いていなかった」と豪語する強者である。その不幸な出だしのつまずきのせいか，その後も英語嫌いが続くが，それでも英語で外国人とコミュニケーションすることには人一倍興味がある。よって，現在では，遅まきながら，いろいろ学習教材や英会話教室を試している。

　さて，ある日，そんな彼女が「英会話教室では，辞書を引くより発言することに集中しなさい，と先生によく言われるんだけれど，本当かしら」と聞いてきた。「まあ，会話練習中は辞書ばかり引いているより，他の人の言い分をよく聞いてリスニングをすることも大事だからね」とアドバイスする。

　が，数日後，「あなたのおかげで恥をかいた」と愚痴が始まった。聞いてみると，「先日話して以来，会話教室には，辞書を持っていかないことにしたんだけれど，今日は，『意地っ張り』と言いたかったのに，全くわからないのでしどろもどろになって，恥をかいた」と

言うのである。

　「そりゃあ，会話教室で辞書を引いてばかりじゃだめだけれど，全くなしでもまずいだろう。英和辞典や和英辞典を用意しておいて，『ちょっと辞書を見てもいいでしょうか？（May I use a dictionary?）』と聞くか，その場で辞書を引く余裕がなければ，後で和英で確認した方がいい」と再度アドバイスする。

　さっそく，復習がてらその語句を和英で引かせたが，今度は「『意地っ張り』なんて単語は載っていない」と言い張る。

　どれどれ，と見ると，確かに『ジーニアス和英辞典』には，「意地っ張り」という項目はない。でも，よく見ると「意地を張る」という表現があるので，その訳 do not give in, be obstinate, be stubborn を適宜使えばいいと教える。

　しかし，さらに彼女が言うには「この辞書には単語の読み方が載っていない！　最近の辞書は発音記号をやめてしまったの？」と，聞いてくる。そこで，和英には通例，発音記号が載っていないこと，よって，その単語の読みは英和辞典で調べ直さないといけないことを説明した。

　「英語の辞書も，まだまだ出来が悪いのね」となぜか勝ち誇ったようにぼやいている。ちなみに，彼女は「その必要性を感じなかった」と中学から大学に至るまでは，和英辞典は買ったことがなかったそうである。

※ 語彙不足をカバーする方法

　その後，ポケット判辞書や電子辞書もそこそこ使いながら会話教室に通っていたが，その日の会話教室では，日本にいる動物がトピックだったそうである。私の奥さんは「鳴き声に風情がある鳥として，ウグイスのことを話した」と言う。

　私は驚いて，「よくウグイスなんて単語を知っていたなあ。和英で調べたの？」と聞くと，「ううん，そのまま uguisu って使ったけれど，まずい？」と聞いてくる。

「それだけで済ませるのはだめだろう」と私は続ける。「日本をよく知っている人ならばともかく、通常の外国人はそんな日本語は知らないんだから、簡単な説明の方法を知っておいた方がいい。」

ということで、彼女がそれまで使ったことがない英英辞典を出してきて、その活用法を説明した。説明の仕方を学ぶのは簡単で、たとえば鳥ならば、普段よく見る crow（カラス）を英英辞典で引いてみる。すると、次のように定義してある。

> **crow**: a large black bird with a harsh cry
> 　　　　　　　　　　（*Oxford Advanced Learner's Dictionary*）

ここで、harsh が難しければ、英和辞典を引いて「耳障りな」という意味であることを確認する。すると、全体の意味は「耳障りな声で鳴く、大きくて黒い鳥」だとわかる。

それをしばらく聞いていた連れ合いは「それがどうしたの？ 私が説明しようとしたのはカラスじゃなくて、ウグイスなんだけど？」と不満そうである。

まだピンときていなかったようなので、さらに説明したが、上記の定義を見ておくと、おおよそどのような鳥についても、その説明パターン（テンプレートと呼ばれる）が応用できるのである。つまり、「a（大きさ・色）bird with a（鳴き方）cry」という型を使い、その空欄に適当な表現を入れていけばいいわけである。

これを聞いて、我が奥さんも「おおー」とちょっぴりわかってきた様子だ。実際にやらせてみると、a little green bird with a beautiful cry という立派な説明ができあがった。

「でも、本当にこんなのでいいの？ カラスの定義を変えただけでしょ？」とまだ、半信半疑のようである。それでいいんだ、といっても信じないので、じゃあ、実際にウグイス（(bush) warbler）の定義を英英辞典で見てみよう、ということになった。

> **warbler**: a type of small bird that sings（*Macmillan English Dictionary*）
>
> **warbler**: a bird that can make musical sounds
>
> 　　　　　　　　　　　　（*Longman Advanced American Dictionary*）
>
> **warbler**: a small bird. There are many types of warbler, some of which have a musical call.　　　　　　　　　　（*OALD*）

　こうして比較してみても，カラスから派生したオリジナルのウグイス定義もまんざらでもないことがわかる。ただし，「鳴き声が美しい」という部分は，sing / make musical sounds / have a musical call などとも言えることがわかる。

　このように，和英に加えて，英英辞典が会話での説明に役立つことは，彼女にとっても，少々驚きだったようである。ついでに，果物の説明をしたければ，次の定義を加工すればいいことも付け加えておいた。

> **banana**: a long curved fruit with a thick yellow skin and soft flesh, that grows on trees in hot countries　　　　　　　　（*OALD*）

　つまり，a（大きさ・形）fruit with a（皮の厚さ・色）skin and（果肉の柔らかさ・色・味），that grows on / in（生息場所・国）というテンプレートを使えばいいわけである。

※ 用例を巡って思わぬ方向へ

　これで，家内も私が英語教師であることを再認識しただろうと，勝ち誇ったようにニヤニヤしていたが，そこから思わぬ反撃が始まりました。

　「ちょっと待って。この用例は何なの？」と彼女が見せてきたのは，和英辞典で「ウグイス」を見ていて遭遇した用例である。

> ホトトギスはよくウグイスの巣に卵を産みつける。Little cuckoos often lay their eggs in bush warblers' nests.（『新和英中辞典』）

「うん？ それはホトトギスの習性だろう？ ちゃっかり，子育てをウグイスにやらせるという」

「そんなことじゃないの。ホトトギスのことを little cuckoos と書いてあるじゃない？ ホトトギスってカッコーのことだったの？ おかしいんじゃないの？」

ちなみに，彼女はこの英語を「リトル・カッコーズ」と読んでいたので，「リトル・クークーズ」と訂正した。が，問題は，そんなことではなく，彼女が言うように「ホトトギス＝カッコー」なのか？ ということである。今度は私がしどろもどろになり，結局，私が後で調べておくはめになったのである。

これが意外に翻訳者・通訳者泣かせの単語で，明解な答が出ないことがわかった。結論として，ホトトギスは (little) cuckoo, nightingale, woodthrush などと訳され，ウグイスの方も (bush) warbler, mountain thrush, nightingale など（しばしば共通の）異なる訳語をあてられていることがわかった。原因は，英語と日本語のそれぞれの鳥が，共通特徴を持ちながらも，一方の国に生息していないために，このような混乱が生じていることがわかった。

※ 発信にも辞書を

話を戻して，会話教室での辞書使用についてである。和英や英英辞典は，発信の手助けになるから，リアルタイムに引けなくても，予習や復習に活用しよう。事物の説明で見たように，1つの型を知ると，多くの事物に適用できる。

また，会話途中で難解な日本語が浮かんだ場合は，それをそのまま訳そうとせず，日本語自体を平易な日本語に置き換えて，それに対応する英語を考えてみるといいだろう。

5.9 「時事英語」における意図的な誤訳?

　現代の社会事象を扱う英語が「時事英語」である。いろいろな用語が使われるが，その訳語を導入する過程には，その時々の思惑が見え隠れする。語彙を学習する上で，こうした裏事情を知っておくと記憶にも役立つ。

※「時事英語」とその用語

　今回は「時事英語」で使われる英単語と，その訳語を比較してみよう。

　「時事英語」とは，現代の社会事象を扱う英語という意味合いである。これは通例 current English あるいは English for current events のように訳す。では，この場合の current は，どういう意味なのか，あらためて辞書で見ておく。

> **current**: happening or existing now, but not likely to last for a long time　　　　　　　　　（*Longman Advanced American Dictionary*）

　すると，「現在起こっている，あるいは生じているが，長くは続かないと思われる」事柄を形容する時に使う言葉のようである。

　ただし，「時事英語」というと，「時事放談」などと同様，かなり古臭いイメージがあるため，現在ではむしろ「ジャーナル英語（Journalistic English）」などと呼ぶことが多くなっている。

　さて，そうした時事英語であるが，その訳語選択には，いろいろな思惑が入ることがあるようである。

※「国際連合」は間違い？

まずは，折に触れて日本の常任理事国入りが議論されている「国連」，つまり，「国際連合」を取り上げよう。これを，英語で何と言うだろうか。そう，the United Nations（定冠詞が必要），略して UN である。では，あらためて，これを辞書で見てみたい。

> **United Nations** (1) ［単数扱い］国際連合（【略】UN）《1945年 San Francisco において設立；本部は米国 New York 市（1946-）；公用語は英・仏・ロシア・中国・スペイン・アラビア語》．(2)（第2次世界大戦中の）反枢軸連合国《1942年ワシントン宣言に署名した26ヶ国；枢軸国（the Axis powers）に対抗する協力戦の遂行を約した》．
>
> （『ジーニアス英和大辞典』）

すると，2つの意味があることがわかる。本来，United Nations というのは，(2)の意味で使われ始めたものである。第2次世界大戦で，日本やドイツ，イタリアなどの，いわゆる枢軸国側に対抗していたのが，アメリカ，イギリス，ソ連，中国などの連合国だった。実際に，United Nations という語が公式に使われたのは，1942年の連合国共同宣言（ワシントン宣言）で，そこでは，枢軸国に対する徹底的抗戦と単独で講和・休戦しないことが誓約されている。

ややこしいのが，この名称が，そっくりそのまま戦後の国際組織「国際連合」に引き継がれてしまった点だ。よって，本来，United Nations はあくまで「連合国」と訳すべきところであるが，戦後の日本人における「反・連合国」感情に配慮して，外務省が意図的に「誤訳」した，という見方がある。確かに，「国際」などという名称は英語表記のどこにもない。

ただし，必ずしも「誤訳」とは言い切れない事情もある。まず第1に，第2次大戦中と戦後における United Nations の性格が大きく違うわけであるから，これに同じ名称を用いるのは，たとえ原語が同じでも，混乱を生じやすく，合理的ではないので，区別したとも

考えられる。その際，第2次大戦以前には国際組織である「国際連盟（the League of Nations）」があったので，その後継的な組織という点から，名称もそれと並行的に「国際連合」としたという推測もある。

いずれにせよ，こうした背景を知っておくと，経済力をつけた日本がなぜ常任理事国ではなかったかがよくわかる。

※ 国連の「平和維持活動」？

その国連活動の1つで，かつて自衛隊参加の是非で注目をあびたのが，「平和維持活動（Peacekeeping Operations，略称PKO）」である。これは国際的な紛争の平和的解決に寄与することを目的とした国連の活動で，その活動主体となるのが，監視団（observer group）と平和維持隊（Peacekeeping Force，略称PKF）である。

さて，ここではまず「平和維持活動」で使われているoperation（s）という単語を辞書で調べてみたい。

---

operation (1) 手術 (2) 活動；［通例～s］（企業の）事業 (3) 企業 (4) 演算処理 (5)（装置・システムなどの）作動 (6)［通例～s］軍事行動［作戦］(7)（法律・計画などの）開始 (8)（投機的な要素の強い株などの）操作　　　　　　　（『ウィズダム英和辞典』）

これを見ると，国連PKOにおけるOperations（複数形に注意）とは，単なる「活動」ではなく，「軍事行動・作戦」を意味するということがわかるはずである。

政府発表でもニュースでも，日本では，これを「軍事活動」とせず，一貫して「平和維持活動」と柔らかく訳しているが，そこには軍事的な意味合いを減らしたいという狙いがあると考えられる。

その点，「平和維持部隊（Peacekeeping Force）」については，訳し方が分かれている。政府筋では，これを「平和維持部隊」とすることも多いが，forceはAir Force（空軍）などからもわかるように，「軍

隊」のことである。そのため、さすがにこちらは「平和維持軍」と訳されることが多いようである。多くのニュース記事同様、『ウィズダム英和辞典』も U.N. peacekeeping force を「国連平和維持軍」と訳している。

　このように、意図的な略語を使って、「軍事」の意味合いが弱められることがある点は、知っておいた方がいいだろう。

※「日米構造協議」は構造を話し合う？

　訳語がすっぽり抜け落ちてしまった有名な例もある。日米の大幅な貿易不均衡が問題になった1980年代、両国首脳は1989年にそうした貿易問題を取り扱う「日米構造協議」を立ち上げる。

　その英語名は US-Japan Structural Impediments Initiative である。ここにある impediment(s) は、英英辞典では次のように説明されている。

> **impediment**: something that delays or stops the progress of sth; [syn] obstacle　　　　　　　　（*Oxford Advanced Learner's Dictionary*）

　つまり、「障害、障壁」のことで、同義語（synonym）は obstacle である。

　当初、アメリカ側は、名称に trade barriers を入れたかったらしいが、日本側が拒否し、結局、この impediment に落ち着いたと言われている。その明確な理由はわからないが、trade barriers では両語とも日本人に馴染みのある言葉であるから「貿易障壁」を話し合うことがあまりにも明白である。その点、impediments ならば、日本人には馴染みのない言葉であり、それを聞いても中身がピンとこない。

　そして、さらに驚くことに、この impediments の訳語は、日本語名称からすっぽり抜け落ちて、「日米構造協議」となっている。

　この協議は、両国にとって均等なものではなく、アメリカ側から、日本のアメリカに対する貿易超過（当時500億ドル）の是正と、日本

への輸入障害を取り除く方策を話し合うためにできたものである。よって、少なくとも発足時は一方的な要求内容を協議する場であり、実際に、その結果として、公共投資の増額、大規模小売店舗法の改正、流通システムの改善などを日本側が約束することになる。

　よって、このような交渉を弱腰と見られたくない日本側の意図が、「日米構造協議」という、あいまいな名称に込められていると言えるだろう。

　また、その交渉の際に用いられた deregulate / deregulation という単語の訳も、その後の辞書語義にも悪影響を与える。交渉の場で出たこの表現を、政府筋では「規制緩和」としていたが、実際の辞書語義を見ていただきたい。

> **deregulation**: the process of removing the rules that control something such as an industry　　　　　　　　（*Macmillan English Dictionary*）

　この通り、「規制を除去する・廃止する作業」が deregulation である。「緩和」ではない。

　しかし、この交渉とその名称のせいか、英和辞典でも「緩和」を訳語にする辞書がいくつもある。たとえば、『ジーニアス英和辞典』はこれを「規制緩和、自由化」とし、『ウィズダム英和辞典』も「規制緩和［解除］」として、「緩和」が第1語義になっている。その点、『ユースプログレッシブ英和辞典』は「規制解除［緩和］」と『ウィズダム』の表記を逆転させている。この方が適切であり、「緩和」は省いてもいいぐらいである。

※「時事英語」の用語は辞書で調べ直す

　このように、訳語が定まっていない時事英語トピックについては、一度、辞書（できれば英和辞典と英英辞典両方で）その原義を確認してみるといいだろう。思わぬことが見えてくるかもしれない。

5.10 辞書を使った要約練習で発信力アップ

　英語テキストと辞書を使って要約練習をすることが可能だ。手軽に行えて，かつ発信力を大いに高めることができる方策である。

※ 要約とは？

　「要約（summarization）」とは，英文のポイントを簡潔にまとめる作業である。英文を日本語でまとめる場合と，英語でまとめる場合がある。リーディング活動と平行して行う作業であるが，特に，英語要約をすると，発信能力の向上にも役立つことが知られている。この技術を「要約スキル」と呼び，これを使うことによって，語彙の増強になると共に，英語を話したり書いたりする場合に役立つ英語力をつけることができる。

　要約に使用するテキストは，最初はある程度短くてあまり難しくないもの，そして内容に興味が持てるようなものにする。ここでは *Asahi Weekly* 紙（朝日新聞社）の人生相談コラム Annie's Mailbox の中から1つを題材にしてみよう。

　まずは，英和辞典を使ってテキストの概要をつかむ。今回の相談内容は，自分たちはアルコールを全く飲まない夫婦が，飲酒好きの友人たちと会食をすると，結局は勘定の半分を持つことになり不公平であることを訴えたものである。アニーのアドバイスは，本当の友達なら，相手が飲まないアルコールの分まで割り勘にしようとは思わないはずで，ウェイターに別会計にするように求めなさい，というものである。

　このようにだいたいの意味内容がわかったら，英語要約を開始しよう。注意するのは，日本語で要約し，それ自体を英語に訳そうとするのではない点である。以下でその手順を見よう。

※ 英英辞典を使った言い換え

では，実際の英語要約に移ろう。英和辞典に加えて，英英辞典も用意していただきたい。まず，本相談には5つの段落があるから，それぞれを英語1文か2文でまとめていく。たとえば，最初の段落は導入部分で，英文は次のようになっている。

I am finally writing this letter after being stuck numerous times with other people's bar bills.

英語で要約する場合は，手ごわい表現はできるだけ英英辞典を参照して「言い換え」をしておく。たとえば，be(ing) stuck という表現であるが，後ろに with が来て be stuck with 〜 となっている。

> **stuck with**: sb/sth unable to get rid of sb / sth that you do not want
> (*sb / sth は somebody / something の略)
>
> (*Oxford Advanced Learner's Dictionary*)

この点に注目してから，その意味を英英辞典で調べてみよう。英英辞典の定義は，見出し語よりもやさしく説明してあるから，それを「言い換え」表現として再利用することができる。上の語義で，(be) unable to 〜 というのは，要するに cannot 〜 のことであるから，主語を「この夫婦」にすると，この段落は，次のようにまとめられるのではないだろうか（bar bills は「飲み代」のこと）。

This couple cannot get rid of other people's bar bills although they don't want to.

なぜ，be stuck with 〜 という表現を言い換えたかというと，たとえ，その表現を思い出せなくても，ほぼ同じ内容を伝達できるようにするためである。でも，せっかく「いい表現」が出て来たんだから，それを使いたい，覚えたい，という人もいるだろう。その場合は「A or B」という言い回しを使う。これは，「A か B か」ではなく

て,「A, すなわちB」ということで, Aに覚えたい表現を, Bに, その説明的な表現を入れる。すると, 次のようになる。

This couple is stuck with other people's bar bills, or they cannot get rid of other people's bar bills although they don't want to.

※「日本語」成句の英語表現にも注目

同様に, 次の段落もパラフレーズしていく。ここでは, アルコールを飲む友人たちと食事に行き, 自分たちには関係ない$150の酒代を割り勘にするはめになったことが書かれている。

ここでは friends who do imbibe という, 難解な語を使った部分が出てくる。さっそく, imbibe の英英辞書定義を見てみる。

> **imbibe**: to drink something, especially alcohol
> (*Longman Dictionary of Contemporary English*)

要するに「酒を飲む」ことのようであるから, 先ほどの部分は, friends who drink (a lot of) alcohol, あるいは, 単に heavy drinkers といっておけばよさそうである。

同じ段落では,「割り勘にする」という表現が2つ出てくる。

pay half of whatever alcohol they drink / split it (= the check) in half

この場合, 言い換えは必要なさそうであるが,「酒代」にあたる部分については, 第1パラグラフで見たように, bar bill を使っておく。すると,「酒代を割り勘にする」は pay half of the bar bill / split the bar bill in half と言えそうである。

実は, これ自体は日本語で意味を取るのは難しい表現ではない。しかし, 英語→日本語は容易なものの, この日本語「割り勘にする」を, すっと英語にするのは, 実は結構やっかいである。日本語自体が成句だからである。このように, 要約において「日本語成句」が

出てくる場合は，元の英語がやさしくても要注意である。

※ ピンと来ない場合は類語も調べておく

原文の第3パラグラフは，酒代は飲んだ人が払おうと提案したところ，友人から快く思われなかったという箇所である。ここに，one couple called us "cheap" という文が出てくる。この cheap は「安価な」という意味ではなく，むしろ「けち」ということであろう。つまり「ある夫婦は私たちのことを『けち』と呼んだ」としたらすっきりする。こうした場合も，英英辞典で cheap の意味を確認しておく。

> **cheap**: NOT GENEROUS（*NAmE*）（*BrE* mean）（*informal, disapproving*）not liking to spend money　　　　（*OALD*）

ちょっとラベルが多いので，説明しておこう。まず，最初の NOT GENEROUS というのは，「語義標識」というもので，いくつかある語義の内容をキーワードで示したものである。これで，関連しそうな語義にすばやく到達できるもので，いくつかの英和辞典・英英辞典が採用している。ここでは，お金に関することであるから，この「気前がよくない」という標識が役立つ。次の *NAmE*（*BrE* mean）というのは，この cheap の使い方はアメリカ英語で，イギリス英語でならば mean に相当する，ということである。次の informal は「日常的な，普段着の言葉」ということで，disapproving は「相手を非難する表現」ということである。その次にやっと出てくるのが語義で，「お金を使いたがらない」ということであろう。電子辞書をお使いの方で，*Language Activator* などの同義語辞典が入っているならば，これで cheap / mean を引くと，stingy という同義語も知ることができる。「けちな」に cheap / mean を使うのは，それぞれアメリカ／イギリス英語特有であるが，この stingy は両方で使える。

このように，言い換えたり，より汎用性のある同義語を使ったりして，この段落は，以下のようにまとめておけそうである。

When this couple asked another couple who drank a lot to pay for their own drinks, they called them stingy.

このような調子で，5つある段落をそれぞれ1文か2文にまとめていく。最後に，全文を合わせて統一を取り，必要に応じて，さらに簡潔にしてみたい。

※ まずは全体を音読，次にキーワードだけで
今回は，原文の4分の1ほどに圧縮した要約を作ってみた。これを音読してみよう。

> This couple has a problem about bar bills. Whey they go out with heavy drinkers, they end up splitting the bar bills in half even though they drink no alcohol. When they asked another couple to pay for their own drinks, they called them stingy. So they don't know what to do.
>
> Annie's advice is, they should ask waiters to give them separate checks and let heavy drinkers pay for themselves. If they are real friends, they won't say no.

3〜4回音読したら，ここからキーワードだけを3〜5個程度抜き出す。bar bills, heavy drinkers, stingy, separate checks などである。今度は，これだけを見ながら，先ほどの要約を再現できるかどうかをチェックする。これだけで，要約を述べられるようになったら，終了である。

この英文要約をするにあたって，自分で要約文を作るわけであるから，そこには文法的な間違いが入り込むかもしれない。それは気にしないでいただきたい。それよりも，原文を何回も読んで要約を考える，英英辞典の助けを借りながら難解な表現を言い換える，といった作業から得られるプラスの方が大きい。多少のミスが残っても，損得勘定としては黒字であるから，気にする必要はない。

5.11 辞書を活用したプレゼン用パラフレーズ

　第2章で見たスキマ引き（知っている単語の意味を調べる）に加えて，英英辞典を使ってパラフレーズをすることを身に付けると，その発信力増強効果がさらに倍増する。

※ プレゼンには英英辞典

　学校であれビジネスであれ，英語でプレゼンする機会は確実に増えている。プレゼンの準備では，ほとんどの場合，英文資料も扱う。

　そうした英文資料をまとめる際，元の英文にある難解な表現をそのまま使ってしまうと，それが自分のものになっていないために，いろいろと不都合が生じる。たとえば，表現に意識が行き過ぎて，発音や間合いがおかしくなる，一言一句書き留めた下書きがないと発表できない，といった具合である。本来，伝達すべきはその内容である。それなのに，プレゼンの質を高めるつもりで残した難解語のために，逆に，質が下がってしまうことが多々ある。

　こうした場合には，キーワードを除いて，そこにある難解語のほとんどをやさしくパラフレーズしておくことを勧めたい。

　筆者は授業でも，自分の練習のためにも，しばしば何らかの英文資料を用いてこうした表現パラフレーズの練習をする。このパラフレーズ練習は，要約練習の前段階としても利用できる。

　その方法は簡単で，難解語をまず英和辞典で調べて意味を把握する。さらにそれを英英辞典で引いて英語定義を確認し，それを活用して元の表現を別の簡単な表現でパラフレーズする。元の表現とパラフレーズの両方を，宙で言えるようにしておけば完璧である。

　では，以下で，最近扱った資料を基に，その中で出会った次のような表現のパラフレーズの実際を見てみたい。

辞書を活用した語彙学習のコツを押さえよ　207

※His son is a *handful*.

　まずは1語に注目してパラフレーズする場合から見てみたい。ここでの handful は a handful of salt（ひとつかみの塩）のような用法とは明らかに異なっている。『プラクティカル・ジーニアス英和辞典』では「やっかいな人，問題児」という訳語が見つかる。では，「問題児」を英語で説明すると，どうなるか？　a problem child ?　さっそく，英英辞典を見てみよう。すると，以下のような記述がある。

> **a handful**: someone, especially a child, who is difficult to control
> 　　　　　　　　　　　　（*Longman Advanced American Dictionary*, 以下 *LAAD*）

　ならば，表題の文は，His son is a child who is difficult to control.（彼の息子は手に負えない子どもだ）であるが，もっと簡単にして，His son is difficult to control. としてもいいだろう。ちなみに，「問題児」を a problem child と言うことも可能である。

※The villagers *acquiesced to* the priest's decisions.

　次は句動詞の例である。『リーダーズ英和辞典』から，acquiesce to A で「A に黙従する」ことだとわかる。*LAAD* を見ると，

> **acquiesce**: to unwillingly agree to do what someone wants, or to let them do what they want, without arguing or complaining

とある。定義は自動詞 acquiesce のそれであるから，acquiesce to A をパラフレーズするには，その定義表現にも少し加工が必要である。agree には，定義にあるように agree to do の型の他，agree to A（＝名詞）という型もある。すると表題の文は，以下のように言い換えられる。

The villagers unwillingly agreed to the priest's decisions.
（村民は牧師の決定に不本意ながら従った）

✽You should tell her father *in no uncertain terms* that what he did was cruel.

まず，英和辞典で意味を調べる場合，uncertain だけを見るよりも，in no uncertain terms がセットになって載っていないかどうかを見よう。つまり，用例あるいは成句扱いになっていないかどうかを見るわけである。すると，『ジーニアス英和大辞典』では，用例があり，「はっきりと，歯に衣（きぬ）着せないで」という訳が見つかる。

英英辞典でも同様にこの句全体を探してみよう。すると，*LAAD* で以下が見つかる。

> in no uncertain terms: if you tell someone something in no uncertain terms, you tell them very clearly without trying to be polite

なるほど，これが「歯に衣着せない」の正体である。

長い定義であるが，ポイントとなる表現は，tell 〜 very clearly だろう。これにより表題の文は次のようにパラフレーズできる。

You should tell her father very clearly that what he did was cruel.（彼女のお父さんに言ってあげなさい，あなたがしたことは残酷なことだと）

✽Homosexuals are in *every walk of life*.

先ほどと違って，ここには難しい単語はない。でも「人生の全ての歩行に…」などと解釈しても意味が通らない。このような「不透明な表現」は，プレゼンに同席する日本人やネイティブ以外の外国人には誤解のもと。パラフレーズしておくのが無難である。

まず，『ジーニアス英和大辞典』を引くと，people in every walk of life は「あらゆる職業の人々」とある。念のため，*LAAD* を見ると，

> **walk of life**: the position in society someone has, especially the type of job they have

とある。type of job がポイントだ。よって，表題の文は，以下のようにパラフレーズできる。

Homosexuals are in every type of job.（同性愛者はどんな職種にもいる）

※Two sumo wrestlers try to *psych out* each other before the bout.
　日本的な事項にもパラフレーズは欠かせない。まず，上記の文は，力士の行為を説明しているが，psych out の訳語「心理的に分析する」「びくつかせる」（『リーダーズ英和辞典』）あたりを見ても，まだピンと来ないかもしれない。実は，これは相撲で「両者見合って」いる場面なのである。*Concise Oxford Dictionary* を見ると，

> **psych（someone）out**: intimidate an opponent or rival by appearing very confident or aggressive（自信ありげや攻撃的に見せることで，敵やライバルを怖がらせること；intimidate = frighten；訳とこの注記は筆者）

だと教えてくれる。
　このように，英英定義が「見合う」行為の中身を教えてくれるわけだ。なので上例は，以下のように言い換えられる。

Two sumo wrestlers try to frighten each other before the bout.
（力士は試合前に相手と見合って威嚇し合う）

　このように，資料の中身を伝えるために，ひっかかりのある表現は，英英辞典を使ってパラフレーズしておく。元の表現と合わせて覚えておくと，いろいろな場合の言い換えに役立つはずである。

5.12
辞書とセクシズム

　性差別を意味する「セクシズム」は時代とともに意味が拡張されてきた。ここでは，セクシズムが英語辞書に与えた影響について考え，語彙学習へのヒントも提示しよう。

❖「セクシズム」の誕生

　「セクシズム」(sexism) はいつ頃生まれた単語だろうか？ こうした単語の「履歴」を調べるには，専門家向け *Oxford English Dictionary* を別にすれば，*Merriam-Webster's Collegiate Dictionary*（書籍／無料オンライン　www.merriam-webster.com/home.htm）が大変便利である。これを見ると，語義や用例の後に Origin という項目があり，語源などと一緒に検索語の（現在わかっている）初出年を確認できる。sexism の場合，それは1968年だとわかる。

---

sex·ism 🔊　*noun* \\'sek-,si-zəm\\

Definition of SEXISM

1 : prejudice or discrimination based on sex; *especially* : discrimination against women

2 : behavior, conditions, or attitudes that foster stereotypes of social roles based on sex

　— **sex·ist** 🔊　*adjective or noun*

　📖 See sexism defined for English-language learners »

Examples of SEXISM

- the problem of *sexism* in language

Origin of SEXISM

　¹*sex* + *-ism* (as in *racism*)
　First Known Use: 1968

つまり、60年代後半から興った「ウーマン・リブ」(women's liberation, 女性解放運動) の流れと合致していることがわかるのである。

さて、上の語義でわかるように、その意味には2つが挙がっている。違いがわかるだろうか？ 1の方は、性差、特に女性への差別のことで、賃金や仕事内容など直接的な差別である。2は、それよりも後に加わった意味で、社会生活での性差別を助長するような言動を表している。

よって、辞書におけるセクシズムが問題になるのは、2の意味においてである。では、以下で、日本内外での対応と影響について見ていこう。

✳ 辞書の用例

活字におけるセクシズムは、いくつかの指標で計ることができる。その1つは頻度である。たとえば、1970年代のアメリカの中学・高校の教科書を分析したある研究では、he と she の出現比率は4対1であったと報告している。つまり、1970年代当時の教科書には、男性の方が圧倒的に出現回数が多かったということである。

これを辞書の世界で是正しようとした初の試みが、*American Heritage School Dictionary*（1972）で、用例における主語名詞の男女比率をほぼ等しくしている（南出康世『英語の辞書と辞書学』大修館書店、1998）。

古い辞書でも、人称代名詞の単数主語は he ばかり、といったものもかなりあった。新しい辞書はどうだろう。たとえば、用例の多い *Cambridge Advanced Learner's Dictionary* で、見出し語 come（句動詞を含む）において、男性／女性名詞または男性／女性の所有格＋名詞が主語になっている例を数えると、18例対15例となっている。これは統計的には差がなく、両者はほぼ等しい頻度と言える。

用例におけるセクシズム排除の2つ目は、社会的性役割を固定する、ステレオタイプの用例の排除である。たとえば、戦前の古い辞

書によくある以下のような用例を見かければ，ほとんどの人が現代の辞書にはちょっと載せられないと感じるはずである．

> 男は智，女は情 Man has a head to think; woman has a heart to feel. / 結婚の日を決めるのは女の役 It is for the lady to name the day.
> (『斎藤和英大辞典』, 1928)

しかし，現代で問題になるのは，むしろ，次のような，一見何の変哲もない用例である．

> She is a good [bad] cook. 彼女は料理がじょうず [へた] だ．
> (『旺文社英和中辞典』初版, 1975)

こうした例文は，一定の役割を無意識のうちに女性に固定するということで，新しい辞書では避ける傾向にある．実際，動詞・名詞の cook についても，性差を避けて I や you を使う以外に，男性主語をあてているものもかなりあるから，ご自分の辞書で確認していただきたい．

※ 辞書語法の変化

セクシズムの影響は，辞書における語法にも顕著であった．まず第1に，man / men はかつては「人，人類」一般の意味で使われることがしばしばあった．

> Man is mortal. 人は死ぬ. /God and Man 神と人間 / All men are created equal. 人はみな平等.
> (『米国憲法』)

『ジーニアス英和辞典』(初版, 1988) は，この用法について「複数形の時は people が普通」とのみ記されている．しかし，第3版以降 (2001) になると，この用法はセクシズムに通じるため，a person / a human being / people / human beings / we などを用いるのが普通だとして，一歩進んだ注記に変わっている。

2つ目は，-man で終わる語の排除である。chairman（議長）のような言葉は，かつては男女兼用だったが，男性を含意することへの反発から，chairperson が使われだした。しかし，chairman ＝ 男，chairperson ＝ 女，という図式が定着しだしたので，単に chair を好む人も増えている。以下はその用例である（訳は筆者）。

> Jones is the chair of the Committee ...　ジョーンズが委員会の議長である.
> (*Longman Advanced American Dictionary*)

その他，-man の置き換えが進んだ語に，以下のようなものがある。

fireman　　　→ firefighter（消防士）
postman　　　→ mail carrier（郵便集配人）
businessman → businessperson / office worker（サラリーマン）
businessman → (business) executive（経営者）
busman　　　→ bus driver（バスの運転手）

また，-man 以外にも，性差を表す語尾を避け，中立的な語に置き換えられている例が多数ある。

waitress　 → waiter / waitperson（ウェイトレス）
stewardess → flight attendant（客室乗務員）

ちなみに，日本語では，たとえば「ビジネスマン，サラリーマン」はまだ多用されているが，徐々に「ビジネスパーソン」が台頭してきているようだ。

3つ目は，上記の裏返しで，名詞に「女性」を表す表現を冠することの排除である。たとえば，「女性医師」を woman doctor と呼ぶといったことがこれに該当する。なぜならば，doctor で済むところをわざわざ女性であることを強調しているからである。日本でも，

日航機のニアミス事件で「女性管制官」という言葉が多くのメディアで使われ，これについて多くの反論が各メディアに寄せられたことがあった。

4点目は，単数人称名詞を he で受けることの排除である。従来，単数名詞を he で受けることはよく行われていた。

> If a student can't attend evening classes, *he*'ll have to do the work in *his* own time. 生徒が夜間クラスを取れないならば，空き時間に勉強しておいていただきたい．
> If someone parks in the wrong place, *he* will be punished. 間違ったところに駐車すると処罰される．
>
> （ある大学のパンフレットより）

しかし，中立である単語を he で受けているセクシズム表現として，現在は排除されるようになっている。解決方法の1つが，he or she や，his or her といった語句を使う方法である。しかし，これはスペースの点からも，口調の点からもぎこちないため，複数の they が使われることもある。たとえば，上例は次のようになる。

> If a student can't attend evening classes, *they*'ll have to do the work in *their* own time.
> If someone parks in the wrong place, *they* will be punished.

文が2つになっても同様で，以下の例を参考にしていただきたい。

> The teacher is not responsible for the student's success or failure. *They* are only there to help the student learn. 教師は生徒の成功や失敗にまで責任があるわけではない。教師は生徒が学ぶのを助けるだけなのだから。
>
> （*Collins COBUILD English Dictionary for Advanced Learners*）

こうした they の使い方について,『ウィズダム英和辞典』は,「不定代名詞および性別不特定の語を指す場合に用いられる。くだけた表現に多く用いられるが,時にかたい書き言葉にも用いられる」としている。英語を書く際に,知っておくと便利な方法である。

✵ まずは新しい辞書で確認

　セクシズムを廃することを標榜したウーマン・リブ運動は,その後,フェミニズム運動と名を変え,現在は,人種差別・年齢差別なども廃そうとする,より大きな PC（Political Correctness, 政治的公正）運動に組み込まれたと考えていいだろう。言葉が人間の全てを規定するわけではないが,ある程度の影響を受けるのも事実である。上で述べたように,日本語「ビジネスマン」の影響で,英語でもためらいなく businessmen を使う学習者が多数見られる。不要な誤解を避けるため,少しでもセクシズムが感じられたら,最近の辞書で確認するといいだろう。

第6章
[鉄則その6]
❖
生きた英語に接して辞書をカスタマイズせよ

6.1 辞書情報を強化する英語メモの効用

現在,学生の人はもちろん,社会人の方も,昔は英語の授業のために単語帳を作っていたのではないだろうか。本節は,そうした英単語メモの話である。

❉ 語彙学習の2つの側面

語彙学習には,2つの側面があると言われている。それが,「広さ」と「深さ」と言われるものである。「広さ」とは,語彙サイズのことで,たとえば中学生は約1200語程度の単語を学習する。その点,高校生は,3000から5000語のサイズを身に付ける必要がある(この場合, go, goes, gone, going といった活用形は,まとめて1語と計算する)。

それに対して,語彙の「深さ」とは,単語の発音や文法事項(可算名詞であるとか,他動詞か自動詞かなど),コロケーション(典型的な語のつながり)といった情報をどの程度知っているかについてである。

英語学習にはその両方とも必要であるが,読解やリスニングといった受信行為には語彙の広さの方が,英作文やスピーキングといった発信行為には,語彙の深さの方がより深く関係していると言われている。

辞書を引く行為では,意味を調べるだけではなく,発音を調べたり,コロケーションを調べたりするから,語彙の広さと深さの両方に関連する。その意味で,辞書を引くのは,英文を音読したり,MP3プレーヤで英語を常時聞いたり,英語で日記をつけたりするのと同じで,語彙を増強する方策の1つだと言える。

そうした語彙増強の別のやり方として,今回取り上げる英単語帳や英語メモ帳作りがあるわけである。

※ メモの効用と準備

　大学受験や英語検定用に多くの単語集が市販されているが，ここで取り上げるのは自分自身で作る「マイ英単語帳」のことで，もっと広く英語メモ帳と言ってもいいだろう。

　英単語や英語表現をメモすることにはいろいろな効用がある。まずは，自分はこんな単語を辞書で引いたという記録である。辞書を引くだけではなく，その調べた内容をメモすることで，どういう単語を調べたのか，何を知りたかったかの記録になる。記録を続けることで，さらに語彙への感覚が敏感になる。

　2つ目は，1つの単語の意味だけではなく，他の語とのつながりをメモすることで，語彙知識の「深さ」を増すことができる。これはいわゆるコロケーションのメモである。ある語が，どういう単語とともに使われるかをメモすることで，表現力が倍増する。最近の学習辞典はコロケーション情報が充実しているが，辞書の収録に関係なく，ピンと来た表現はすぐメモしておこう。

　3つ目は，英語の疑問点をメモすることで，何がわかっていないかを意識化できる点である。こうすることによって，後にその疑問点を解決してくれる用例や説明に出会うこともあるし，積極的に質問したり本で調べたりすることができる。

　では，そうしたメモ作成の方法を具体的に紹介しよう。まずは，メモ帳を用意する。常時持ち運び，さっと取り出すには手帳型がお勧めである。日付の入ったスケジュール用ではなく，「メモタイプ」と呼ばれる罫線だけの手帳を英語メモ専用にする。スペースに余裕のある普通のB5やA5ノートを好む方は，それでもいいだろう。最近は，そうした定形ノートの横だけを縮めたスリムタイプもある。

　できれば，こうした手帳を複数用意して，ジャケットのポケット，バッグの中，部屋のあちこちに置いてすぐメモできるようにしておくといいであろう。その場合，書き込むためのペンも忘れずに用意する。

※ 表現の抜き出し

　準備ができたら，辞書で引いた単語とその意味，なるほどと思った表現をどしどしメモしていこう。メモの方法は，基本は，使われている文脈から切り離し，ポイントとなる表現を原形で記す。このようにして，文脈から表現を抜き出すことを，専門用語で「非文脈化」(decontextualization) と呼ぶことがある。簡単なようで，これにはちょっとしたコツがある。

　たとえば，以下の文から「Aへノンストップで（直行で）飛ぶ」という表現を抜き出してみたい。

The airline announced a plan to begin flying nonstop to Edinburgh.

　ポイントは，flying という ing 形のまま抜き出すのではなく原形にし，fly nonstop to A としてメモしておくことである。この方が，後にリユースがしやすくなる。

　では，次のお店の掲示文から coffee のコロケーションを抜き出すとどうなるだろう。

Coffee is served free between 6:00 and 8:00 in the morning.

　この場合は受動文を能動文にするため，主語を動詞の目的語の位置に戻し，それを原形にする。すると，serve coffee（コーヒーを出す）が得られる。なお，free を残して，serve coffee free とすると「無料でコーヒーを出す」ということである（coffee と free の語順に注意）。

　次はちょっと手ごわい例である。ここから effect（影響）のコロケーションを抜き出してみたい。

The book shows the serious effect plastic bags had on the environment.
（この本は，ビニール袋が環境に与えた甚大な影響を記している）

　この場合，抜き出しが難しいのは，関係詞構造になっているからだ。よって，まずは，上記の文が，関係詞を使って次の2つを合体させたことに気づく必要がある。

the book shows the serious effect + plastic bags had a serious effect on the environment

　この分解ができると，have a / the serious effect on A（A に深刻な影響を与える）というコロケーションが抜き出せる。

　ここでは特にコロケーションを抜き出す方策を見たが，苦労して抜き出しても，そんなことは辞書に載っているからむだなのでは？と思ったあなたへ。実際に，辞書を見てみると，表現自体は簡単でも辞書に全く載っていないものも多い。載っているけれど，少し違っている場合もある。そして，何より，同じものが載っていてもいいのである。メモの効用で挙げたように，こうした抜き出しとメモ作業を通して，英語表現に対するアンテナをしっかり張ることができるようになる。

※ 時には文全体を，あるいは記事全体を

　このように，表現を抜き出す際には，原形で取り出して非文脈化することが，後々リユースするには有用である。でも，それは文全体をメモしておくことを否定するわけではない。たとえば，以下の文である。

You can solve any problem if you put your mind to it.

　solve a problem（問題を解決する）と put your mind to A（A に打ち込む，集中する）という 2 つのコロケーションが含まれているだけではない。全体として「どんな問題でも，打ち込んでやれば解決できるよ」という，文全体での 1 つの明確なメッセージになっている。何かの折に，そっくりそのまま使えそうである。これなどは 1 文全てをメモしてもいいだろう。

　あるいは，面白そうな新聞記事があれば，その内容および表現両方を記録するため，記事全体を手帳に残してもいいであろう。といっても，記事全体を書き写すのではなく，コピーするか，それがで

きなければデジカメで撮って，後にそのプリントアウトを英語手帳に貼り付けておく。つまり，デジカメを縮小コピー機として利用するわけである。表現も残るし，面白い記事を再読することも可能である。

このように，ぜひ英語メモ帳を作って活用してみていただきたい。

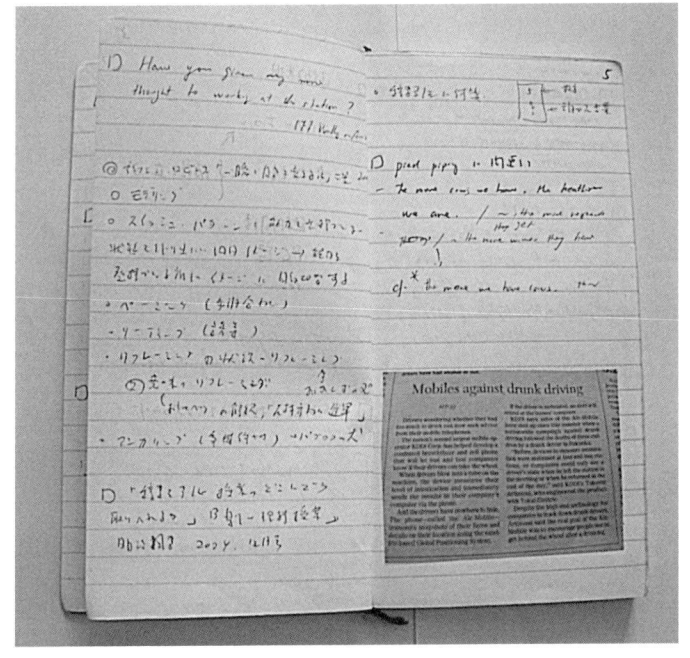

筆者の英語メモノートの一部

6.2
単語帳作りを進化させる

　英語の学習には「単語帳」がつきものである。その基本的な作り方は前項でも述べた。では，そうした単語帳を効果的に作り続けるコツを，レベル別に見ておこう。

※ 単語帳作りはレベルとともに進化すべし
　英語学習における語彙というと，辞書とともに単語帳が思い出される。買ってきて使う単語帳／単語集もあるが，自分でテキストに出てくる単語を抜き出して，マメに私家版単語帳作りをした／している人も多いと思う。
　これまでの学習者分析の実験をまとめると，英語を習い始めた初心者は，意識的に単語を習い，覚えようとする必要がある。これを「意図的語彙学習」と言う。レベルが上がると，むしろ，その時間をリーディングやリスニングなどのインプットに費やし，その過程で自然と語彙を増やしていく，無意識的な学習ができるようになる。これを「付随的語彙学習」と言う。
　このように，レベルによって，「単語帳作り」の性格は変わってくる。しかし，それぞれの段階において，ぜひ，気をつけたいポイントがある。これが効果的に語彙を学べるかどうかの境目になるから，ぜひ，着目していただきたい。

※ 中学／初級レベル
　中学生の場合，授業で英語を習い始めて間もない時期であるから，英単語自体にあまり慣れていない。そこで，自分の単語帳はぜひ作るといいだろう。方法としては，ノートを用意する。そして教科書の難しい単語を抜き出していくわけであるが，ちょっとしたコツが

ある。たとえば，以下は「義足のランナー」のことを書いた，中学2年生向け教科書の一節である。

> In the photograph, Jeff is running with some young men. They have plastic legs, too. They are wearing special T-shirts. These T-shirts say, "Run, Jeff, Run. Jeff Keith's Run Across America."
> (*Columbus 21 English Course 2*)

予習であれ復習であれ，ポイントは，単語を1つずつ抜き出すのではなく，2つ以上の意味上の「かたまり」で抜き出す点である。たとえば，plasticに着目すると，その意味は巻末の単語リストから「プラスチック製の」だとわかる。でも，ノートするのはそれだけではなく，次に来ているlegsと一緒にして，plastic legsで抜き出す。意味は「プラスチック製の脚」である。でも，これって「義足」のことかな，と気づいたら，それも書いておくといいだろう。「気づき」効果で記憶が促進される。さらに，「義足」ならば「義足をつけている，している」という表現はなかったかどうかを見よう。すると，原文ではその前にhaveが来ていることがわかる。ここまで気づいたら，その全てをひとまとめにしてノートしておく。

> have plastic legs プラスチック製の脚をつけている，義足をしている

なお，実際の授業や音声学習で，plasticの発音は「プラスチック」ではなく，「プラスティック」だとわかったら，それも書き込んでおこう。発音記号に慣れている人はそれを使ってもいいが，そうでなければ，カタカナ表記でOKである。

> have plastic legs プラスチック製の脚をつけている，義足をしている（発音はプラスティック）

生きた英語に接して辞書をカスタマイズせよ

同様に，T-shirts が「Tシャツ」だとわかっても，それだけではなく，教科書に出てきた「Tシャツを着ている」という表現全体を単語帳に記する。

> be wearing special T-shirts　特別なTシャツを着ている

このようにすると，教科書巻末の単語リストとは一味違った自分だけの単語帳ができあがっていくはず。ポイントは，教科書の表現をほぼそのまま，ただし，かたまりで記す，ということである。これによって，語彙の理解がより深まることになる。その上で，先生から「義足やTシャツが1つならば，複数形にしなくても，a plastic leg, a T-shirt でいいんだよ」というような指摘があれば，さらにそのように訂正しておけばよい。

✳ 高校／中級レベル

高校や中級レベルでは，精読（詳しく読む）と多読／速読（多く／速く読む）の両方が必要だ。よって，自分が今，どちらの練習をしているのかを意識して学習する必要がある。辞書を使って単語帳を作るのは，精読の場合である。中学のように，巻末の単語リストを見るのではなく，学習辞典を積極的に活用する。

基本は，中学の場合と同じであるが，意味のかたまり（＝コロケーション）をさらに意識して自作単語帳を作ってみよう。つまり，知らない単語，難解な単語ばかりに気を取られず，むしろ，知っている単語がどのように使われているかに注意していただきたい。高校向け教科書からの例を挙げよう。

> It（＝環境グループの活動）may be planting trees, starting recycling programs, collecting clothes for the homeless, or sharing your knowledge with disadvantaged kids.　　　(*Crown English Series I*)

ここでdisadvantaged（恵まれない）というようなビッグワードだけに注意を向けずに，よく知っている単語の使い方にも注目しよう。すると，以下のような単語帳を作ることができる。

```
plant trees   木を植える，植林する
share your knowledge with A   Aに知識を分け与える
disadvantaged kids   恵まれない子どもたち
```

　上例のように，教科書では動名詞（ing形）になっていても，適宜原形に直して，単語帳に記す方がベターである。
　以下は，少し難しい関係節からの抜き出しである。

This is the message we would like the photographs to bring to you today.

　この箇所では，the message という名詞を，we would like the photographs to bring *it* to you today という文が修飾している。両者は関係詞でつながっているが，ここから，

```
bring the message to A   Aにそのメッセージ（意図）を伝える
```

というようなメモができれば，しめたものである。
　なお，よく2語以上からなる表現をすべて成句とかイディオムと呼び，1つだけの単語と区別することがある。これは誤解しやすい表現である。実際には，どんな単語でも，別の単語とのつながりで覚える方が得策である。pay attention to A（Aに注意する）はまとめて覚えるけれど，wag（振る）は単独で覚えるというのでは，効果的な語彙学習にはならない。後者も，教科書に出てくるコロケーションの形で，

```
wag its tail   （犬が）しっぽを振る
```

生きた英語に接して辞書をカスタマイズせよ　227

のように単語帳にメモしておくといいだろう。

※ 上級レベル

　上級レベル，および，中級レベルの多読向けには，これまでのような意味での「単語帳」を作る必要はない。多読においては，むしろ辞書を引いたり単語帳を作ったりすることを減らして，その分，どんどんインプットして，頭に自然に残る「付随的語彙学習」を基本としていただきたい。

　しかし，だからといって，このレベルでもメモと無関係ではない。単語帳こそ使わないが，基本的には，扱うテキストをそのまま「単語帳」にする。そのためには，なるほど，こんなふうに言えるんだ，というところにマーカーで印をつけておけばいいだろう。つまり，よく知らない単語は推測しながら読み進め，よほどのキーワードでない限り，辞書で調べる必要はない。その代わり，知っている単語のおやっ，と思うコロケーション／用法に出くわしたら，そこに下線を記しておけばよい。

　たとえば，以下は元スーパーマン役の俳優で，落馬のため車椅子生活となった Christopher Reeve の読み応えある伝記の一節である。

> At one point I decided to <u>throw a party</u> for the cast and crew .... / At first she <u>wasn't much of a sailor</u>.
> 　　　　　　　（C. Reeve, *Still Me*, Ballantine Books, 1999；下線は筆者）

throw a party が「パーティをする，開く」らしいとわかったら，ぜひ下線を引いておこう。2つ目も，「たいした船乗りではなかった；船の扱いが下手だった」というのは，こんなふうに言えるんだ，とピンと来たら，下線を引いておく。

　以下は幼児虐待を描いたノンフィクションからの一節である。

> I wiped my runny nose with my finger. / What it boils down to is this.
> (D. Pelzer, *The Lost Boy: A Foster Child's search for the Love of a Family*, HCI, 1997)

　前者は,「鼻水を指でぬぐった」という何気ない表現である。でも,この日本語からすんなりこの英語にはなりそうにない。2つ目の部分は, A boils down to B という表現が関係詞化したものである。「Aは煮詰めるとBになる」ことから「Aはつまるところ B になる, 突き詰めると B だ」ということである。

　でも, このように下線を引いたからといって, それをその場で「覚えよう」と考える必要はない。なるほどと思って下線を引いたら, 後はさっさと忘れて, どんどん先に進もう。最後まで読み終わった時に, 一度, 下線の部分だけを見直してみるといいだろう。

※ 単語帳をどしどし活用しよう

　単語帳は, 備忘録である。英語辞書とも, 教科書巻末の単語リストとも性格が異なり, お互いに補足するものである。ここに示したようなレベルに応じたやり方で, 自分のオリジナル単語帳を作って語彙学習に役立てていただきたい。

6.3
辞書はどこまで「生(なま)」の英語に迫っているのか

　辞書は書籍という形態を取る限り、スペースには限りがあり、かつ、最新の情報を掲載するには時間の「ズレ」が生じる。本節では、最新の英語の姿を見ながら、辞書がどの程度それに迫っているのか、ズレがあればどうすればいいのかを見ていきたい。

※ 言葉のニュアンスを知る

　新しい辞書は、程度の差こそあれ、「コーパス」と呼ばれる英語の大規模データに基づいて作成されることが普通になっている。その意味で、一昔前よりも、ずっと忠実に現代の英語の姿を映し出すことが可能になった。

　だが、どんなに大きなコーパスを参照して辞書を作っても、書籍というスペースの制限で盛り込めない情報が必ずある。また、辞書編纂にかかる年月を考えると、必ずしも「最新」の用法を盛り込めない場合もありえる。

　ここでは、複数辞書を見ながらそうした点を観察し、かつ、そうした辞書情報を補う方法についても考えよう。

　では、最初に「AとBは同じである」という表現を取り上げる。和英辞典を見ると、A is the same as B とか、A is equal to B といった、よく見る表現が見つかる。それに加えて、identical や tantamount といった、ちょっと難しい形容詞も載っている。

　後者のように、自分の語彙になっていない不慣れな表現を使う場合には、まず、辞書の説明や用例を見て、それがどういう点で他の単語と違うのかを知っておくのが賢明である。

　たとえば、identical については、『ジーニアス英和辞典』には same よりも「堅い語」としており、前置詞との結びつきも identical with

〜が基本であるが，similar to 〜（〜に似ている）などの類推でidentical to 〜という形も使われることがわかる。用例も，One kilometer is *identical with* 1000 meters.（1キロメートルは1000メートルである）と明解である。

その点，tantamountについては，たとえば以下の辞書では用例はなく，語義だけである。

> **tantamount**：（力・価値・効果などが）〈…と〉同等の（equal），同然の（to） （『オーレックス英和辞典』）
> **tantamount**：《かたく》［be 〜 to A］Aに等しい，Aと同じである （『ウィズダム英和辞典』）

いずれも，前置詞toが後続することはわかるが，sameやidenticalとの違いははっきりしない。

そんな疑問を持ったなら，インターネット上の情報をコーパス代わりにして，Googleでtantamountを検索してみよう。すると，面白いことが観察できる。tantamountは，前述の辞書でも見たように，The campaign *is tantamount to* blackmail.（この運動はブラックメールに等しい）のように，A is tantamount to B という形でよく使われる。このBに相当する部分だけを見ていくと，以下のような名詞が来ていることがわかった

> fraud（詐欺），sexual assault（性的暴行），torture（拷問），treason（裏切り），war crimes（戦争犯罪），conspiracy（陰謀），destroying it（それを破壊すること），jeopardizing the identity（自我を危うくすること）

どれもよく見ると，悪いことばかりであることに気づく。つまり，「同じ」といっても，A is tantamount to Bは，2つの悪いことを比べて「AはBと同じくらいに悪い，等しい」という表現だとわかる。

先ほどの英和辞典2冊ではここまでわからなかったが、学習英英辞典の *Longman Dictionary of Contemporary English* や *Cambridge Advanced Learner's Dictionary* などは、ちゃんとこれに言及している。たとえば、Longman の定義は

> **tantamount**: if an action, suggestion, plan etc is tantamount to something <u>bad</u>, it has the same effect or is almost as <u>bad</u>.（下線は筆者）

となっている。つまり、「悪いもの同士がほぼ同じ」場合に使うことがちゃんとわかる。同辞書の用例でも、to の後には悪い事項が来ているのが観察できる。

> To leave a dog home alone is tantamount to <u>cruelty</u>.（犬だけを家に置いてくるのは虐待に等しい）（下線と日本語訳は筆者）

英和辞典でも、『ジーニアス英和辞典』なら第4版からは「［…に］匹敵するほど悪い、［…と］同じくらい悪い」のように語義を適切に改訂している。

このように、よく似た意味の単語でも、語法やニュアンスに違いがあるのが通例である。新しい辞書では、コーパスを基にそうした違いを明確にするようにしているが、情報不足の場合は、他辞書の説明やインターネット情報で補足するといいだろう。そうして、自分の手持ちの辞書に不備が見つかった場合は、印刷辞書の余白や電子辞書のメモ機能を使って、そうした情報を追記しておけば、それ以降役立つはずだ。

✳︎ 語法の疑問も辞書とインターネットで

映画を見ていて、次のような文に出会った。

How about we discuss it over dinner?

これは「食事でもしながら話さないか？」ということだろうとわかる。でも，よく考えると，おやっと思うことがある。How about ～? は「～はどうであるか，～しないか」ということであるが，後ろには名詞が来て How about you?（あなたはどう？），How about coffee?（コーヒーにでもする？）のように習ったはずである。だが，上記の文では，名詞の代わりに完全な文が来ているようである。セリフの聞き違いだったのだろうか？

そんなことはない。Google で検索すると，名詞が来る例に加えて，文や if 節が来る例も多数見つかる。

---

how about ＋ 名詞：How about a date?（デートしない？）
how about ＋ 動名詞（doing）：How about stopping French bashing?（フランス批判はもうやめようよ）
how about ＋ 文：How about we chat?（チャットしようか）
how about ＋ if 節：How about if I pay you?（お金払いましょうか？）/ How about if I went to a different college?（もし違う大学に入ったらどうだろうか）（仮定法の例）

では，この点を辞書はどのように記述しているだろうか。次の辞書には動名詞の用例がある。

How about going to the cinema?（映画でもどう？）
　　　　　　　（*Cambridge Advanced Learner's Dictionary*）（訳は筆者）

でも，文や if 節が来る場合には言及していない。『オーレックス英和辞典』は用例こそないが，How about if ～? となる場合があることを記している。『ウィズダム英和辞典』は，くだけた表現では「(if) ＋ 主語 ＋ 動詞」が来るとし，How about (if) we go out for lunch? の用例がある。*Longman Dictionary of Contemporary English* は，上記の種類を全て用例でカバーしており，さすがである。

> **how about doing sth**
> ・How about putting the sofa closer to the window?
> （そのソファーは窓にもう少し寄せたらどう？）
> ・How about we have that game when we get back?
> （帰ったらあのゲームしようか？）
> ・How about if we tell the police where Newley is hiding?
> （ニューリがどこに隠れているかを警察に通報した方がいいんじゃないか）
> （*Longman Dictionary of Contemporary English*）（訳は筆者）

　このように，少し前の辞書では全く載っていなかった How about 文/if 節？にも多くの新刊辞書が言及しているのがわかるだろう。

　ちなみに，同様の表現に What do you say to ～？がある。これについても，本来，What do you say to *eating out*?（外で食事する？）のように，to の後に名詞／動名詞を使うのが基本であった。しかし，現在では，What do you say we go out for a pizza?（ピザでも食べに行くかい？）のように，to なしで文が来る場合も多数ある。ご自分の辞書でどのように記してあるかを一度確認していただきたい。もし上のような注記がなければ，用例や説明をメモしておくといいだろう。

※ 基本語彙以外のコロケーション

　以前，松井秀喜選手がニューヨーク・ヤンキースのメンバーだった頃，グランドスラム（＝満塁ホームラン）を放ち，日本でも大いに盛り上がったことがある。「グランドスラム」のような表現は基本語彙ではないので，実は辞書で用例を見つけることは大変難しい。実際，英和でも「グランドスラムを放つ」という用例を見つけることは難しい。これは不備というより，そのスペースをより頻度の高い語彙に回している結果であるから，やむをえない状況である。

　そんな場合に頼りになるのは，世界最大のコロケーション辞典

『英和活用大辞典』である。これを見ると,「hit a grand slam〔野球〕満塁ホームランを打つ」というコロケーションが入手できる。

　もし,同辞典をお持ちでなかったり,同辞典にも載っていないような表現ならば,迷わずGoogleを使ってインターネットで検索していただきたい。今回,a grand slam を検索すると,Matsui *hit a grand slam* for his first major league home run.（*The Salt Lake Tribune*）など,松井選手自身を扱うニュースを含め,多数のヒットがある。hit a grand slam 以外にも,hammer a grand slam homerun（グランドスラムをぶっ放す）といった威勢のいい表現も見つかる。

　このように,時事的表現のコロケーションを調べる際にも,まず,手持ちの辞書を見てみよう。そこになければコロケーション辞典を引き,そこにもなければインターネットデータを検索してみよう。周辺語彙であればあるほど,インターネット情報のありがたみがわかるはずである。そして得られた結果は,辞書や手帳にメモしておくことを忘れないように。

※ 最新の辞書もインターネットで補足

　この項で見たように,新しい辞書は専門家の手によって,最新のデータをうまく料理して,ユーザーにわかりやすく提示してくれている。場合によっては,従来の文法問題集などで「間違い」とされていた表現が,今ではかなり使われていることを教えてくれたりする。その意味で,やはり,辞書は鮮度が重要だとわかるだろう。

　しかし,それと同時に,紙面と編集期間に制限のある印刷辞書であるから,常に不備・不足が付いてまわる。そうした場合には,今回使ったGoogle検索など,現代英語への「窓」をうまく利用するといいだろう。インターネットではデータの出典が明らかに英語のネイティブでない人による情報も含まれるので注意は必要だ。しかし,それを補って余りあるデータの蓄積がある。大まかな傾向や知らない表現を知るにはよきツールとなってくれる。ぜひ,こうしたツールを活用しながら,自分の辞書をアップデートしていただきたい。

6.4
海外旅行で
辞書を活用し補足する

　海外旅行は大変大きな娯楽の1つである。そうした異文化体験では，実は辞書が大活躍してくれる。と同時に，その限界も見えてくる。ここでは，イギリスでのドライブを例に，旅行にスパイスを与えてくれる辞書の活用法を紹介しよう。

※ ドライブの必携道具

　たとえばイギリスでドライブする場合，必携道具の筆頭はイギリス道路地図である。イギリスで出版されている道路地図は，小型のものを除いて，どれも古城，マナーハウス（かつての領主邸宅），僧院，テーマパーク，観光汽車，絶景ポイントなど，面白い情報が満載なので，これを押さえておくと，単なる名所訪問以上の旅行体験ができる。

　次に欠かせないのは，やはり辞書。昔は，海外にどの辞書を何冊持っていくかは実に悩ましい問題だった。大辞典はもちろん，学習辞典でも重過ぎるので，筆者の場合は，たいてい，新書サイズの英英辞典と携帯和英辞典を持っていき，現地の本屋で中型の英英辞典と，時には，1冊版百科事典を購入する，といったことをしていた。こうした現地調達の辞書類は，たいてい知人にあげたり処分したりして帰国したものである。

　現在，この点は段違いに楽になった。何せ，各社から出ている電子辞書の英語系モデルを持っていけば，それ1台で英和，和英，英英，国語辞典，百科事典等が入っているからである。

※ 海外での辞書活用

　イギリスでのドライブに辞書があると，知らない英単語の意味を

調べたり，特定語の英訳を調べるといった用途以外に，固有名詞の発音を調べたり，町の歴史を知るといった場面にも役立つ。

たとえば，発音については，Blenheim →「ブレナム」，Alton →「オールトン」，Worcester →「ウスタ」，Caernarfon →「カナーヴォン」など，大辞典ならば，ある程度知名度のある地名の発音をきちんと教えてくれる。残念ながら，「ブレンハイム」とか「カエナルフォン」などと言っても通じないからご注意を。

さらに，訪問先の簡単な歴史等の百科情報も確認できる。たとえば，Blenheim Palace を引けば，「Oxfordshire 州 Woodstock にあるバロック建築の大邸宅」で「Sir Winston Churchill（元英国首相）の誕生地」であることを教えてくれる。Alton Towers を引くと，「イングランド北西部 Staffordshire 州にある広大な庭つきの19世紀ゴシック復活様式の館；大遊園地がある」と教えてくれる（いずれも『ジーニアス英和大辞典』）。

※ 辞書の百科記述を検証する

このように辞書を活用するだけではなく，辞書記述を検証することも大きな楽しみの1つである。つまり，現地で情報収集をし，どういう情報が辞書に載っているか，どういう情報が漏れているか，どういう情報にアップデート／訂正が必要かを，機会が許す限りチェックをしておくわけだ。最近の辞書は大規模コーパスのデータを利用して格段に情報収集は進んでいるものの，それでも漏れる情報や古くなる情報は多い。

そこで，まず辞書の百科情報を検証してみたい。たとえば，先ほど見た Alton Towers の記述であるが，それを読む限り，当地にはマナーハウスがあり，遊園地が付属しているように読める。ところが実際訪問してみると，「かつてのマナーハウスと敷地全体を利用して造った大テーマパーク」と説明した方が適切だとわかる。現在，ここはインターネット予約もできるイギリス最大のテーマパークであり，確かにマナーハウスは残っているものの，むしろパークのオ

ブジェの1つであり，その建物の一部には機械仕掛けのアトラクションが設置されている。

　もう一例挙げよう。イングランド中部に Eyam という村がある。この小さな村は英国史では有名で，『ジーニアス英和大辞典』では次のように説明されている。

> **Eyam** イーヤム《イングランド中部 Derbyshire 州の村：1665年ペストの流行がこの村に及んだ時，それ以上の流行を防ぐため外部との接触を断ちほぼ全員が死亡した》.
>
> 　　　　　　　　　　　　　　　　　　　　　（『ジーニアス英和大辞典』）

　イギリスの文化情報を満載した *Longman Dictionary of English Language and Culture* にも載っていないこの村のことが，『ジーニアス英和大辞典』にはしっかり載っているのには感心した。が，同村の博物館の資料を見たり現地で話を聞くと，さらに興味深い事実を知ることができた。まず Eyam の発音は，博物館受付のおばあさんが「dream の語尾と同じよ」と教えてくれて，「イーム」(/ iːm /) だとわかった。後日，これは *English Pronouncing Dictionary*（ケンブリッジ大学出版）でも確認できた。

　また，ペストの他地域への感染を防ぐために取った交通遮断を sanitary cordon と言い，これが歴史上の美談として伝えられている。現地で入手した J. Clifford 著 *Eyam Plague 1665-1666*（改訂版，2003）等を参照すると，村民約800名のうち，ほぼその半数が犠牲になった可能性があるようだ。

　このように，現地を訪問し，現場やそこにある資料を見て，辞書記述との異同を確認してみよう。新しい情報は余白に記し，もし矛盾する記述があれば，資料とともに編集部に連絡してあげるとよい。

❋ 辞書の用法記述を検証する

　百科項目以外でも，辞書に載っていない用法，変化しつつある用

法にも注意を払いながら旅行をするとよい。旅の途中で入手するパンフレット (brochúre), ちらし (flyer), 店の看板, 標識, テレビ／ラジオ番組, 当地の人との会話などなど, あらゆるものが題材である。これによって, 日本でアクセスする英語の大規模コーパスとはまた違った発見をすることができる。

　たとえば, 庭園や公園などの公共施設で, We Are DOG Friendly という表示が見られる。日本人以上にイギリスは犬好きであるから, そうした犬連れの人も安心して入れる場所だということだろうと想像できる。このことは, 海岸など, 犬の出入りが禁止されている場所が多いことの裏返しでもある。ならば, この掲示英語全体を写真に撮ったりメモしておこう。

　さらに, 車椅子で入れる, バリアフリーの庭園やトイレには wheelchair-accessible という形容詞が使われていることがわかる。これもメモ。

　イギリスでのドライブならば, 筆者は予約なしで適当な B&B (朝食付き宿泊所; 普通の家を流用したものも多い) を見つけて泊まるのが常である。そんな場合, ホストから Sorry, we accept no *plastics*. と言われたことがある。「え, プラスチックのゴミなんか捨ててないよ」と思いながら plastics の意味を問うと, 確かにプラスチックでできている credit cards のことを指すのだとわかった。つまり, 「クレジットカードではなくて, 現金でお願いね」ということなのである。これもそのままメモする。

　公共の場所や交通機関には, NO SMOKING: Violation Will Constitute an Offense といった警告を目にする。「ここは禁煙。従わないと法律違反になる」ということである。しかし, ほとんどの英和辞典には constitute an offense というコロケーションがない。コロケーション辞典である『英和活用大辞典』には, さすがに This does not *constitute an offense*. という用例があった。ただし, その訳「これは犯罪を構成しない［とはならない］」については, どう見ても, ［　］内の訳の方がよい。

またoffenseは通常軽微な違反であるから，重大な，あるいは刑事上の違反・犯罪を意味するcrimeと区別したいところである。が，crimeの項目で，その区別に言及している辞書がほとんどない。類語比較したいところである。

※ 海外旅行は「生の英語」体験の貴重な機会
　このように，イギリスに限らず，海外旅行は生の英語を体験するいい機会である。なるほど，と思う表現を見たり聞いたりした場合は，手帳に書く，辞書に書き込む，写真を撮る，などしてぜひ情報を記録してほしい。百科事実について，もし辞書記述との異同があれば，編集部に連絡してあげると喜ばれるはず。検証の上，確認できれば次の辞書改訂に生かしてくれるはずだ。

6.5
海外での英語メモ術

　前項では，イギリス旅行を例に採り，英語メモの基本を述べた。生の英語に触れながら，辞書記述を確認したり，補足したり，事実を確認したりする方法であった。ここではそうした事例について，さらに実例を挙げておこう。

※ 現地調査の必要性
　『小学館ランダムハウス英和大辞典』等の編者・堀内克明先生は，実際に英語圏に行って語彙の情報収集する重要性について，いろいろな場所で述べておられる。コンピュータ処理とインターネットが格段に発達した21世紀においても，実際に生活してみないとわからない言葉遣いや新語は多いものである。その多くは，書籍やニュースでは言及される機会がほとんどない，生活語彙の類である。
　筆者自身も，仕事であれプライベートであれ，海外へ行く際には，できるだけ生活語彙の収集にも努めるようにしている。以下では，前項に続いて，そうした場合の実例を記していきたい。
　筆者が海外に行く場合，持っていく辞書はたとえば以下のようなものである。

○ *Collins Mini Dictionary*：極めて小型の英英辞典で，シャワー時以外は常に携帯する。電子辞書を取り出しにくいような場所で重宝するし，印刷辞書なので辞書そのものに書き込みもできる。
○手持ちの電子辞書（カシオ，セイコーインスツルなど）：英和，和英，英英はもちろん，百科事典が入っていると現地情報の確認に重宝する。
○パソコン用辞書各種：ノートパソコンには『ジーニアス英和辞

典・和英辞典』,『同・英和大辞典』,『英和活用大辞典』,『小学館ランダムハウス大辞典』 Oxford Advanced Learner's Dictionary, Longman Dictionary of Contemporary English などがインストールしてある。また,インターネットにアクセスできれば,『英辞郎』などのオンライン辞書も活用できる。

※「スキーマ」利用による生活語学習

辞書作りに関わっていなくても,現地で各種の生活語を体験し学習するのは,勉強になるだけではなく楽しいものである。実際に生活をしていると,その状況から多くの場合未知語の意味を推測できる。これを,その場の状況や背景知識(= schema)を利用した「スキーマ学習」と呼んだりする。つまり,意味はわかるが,自分ではこうは表現できない,なるほど,と感じるようなものがあれば,メモしておくとよい。

たとえば,トイレに入ると以下のような注意書きを,あちこちで見かける。

> Please flush the toilet after you have used it.
> Flush the toilet after use.

辞書を見なくても,flush the toilet というコロケーションが「トイレの水を流す」という意味だと推測できるはずである。なるほどと思ったら,メモをし,できれば早いうちに辞書でも確認する。flush ならば,上記のような用法に加えて,Toilet *flushes* automatically.(本トイレは自動水洗である)のように,トイレを主語にしても使えることがわかる。

あるいは,電子レンジ(microwave)用の食料品を購入すると,まず間違いなく Check food is *piping hot* throughout before serving. と書いてある。piping hot というのが目新しい表現である。『小学館ランダムハウス』等を見ると,予想通り「非常に熱い」ことだと確認でき

る。空気がパイプを通るシューシューという音が，煮物等の煮立つ音と似ていることから来ているようである。

　また，日常生活を通して，思わぬ誤解を正す機会を提供してくれることも多々ある。筆者も，ショップでキーホルダーを買おうと"Do you have key holders?"と言ったところ，"Key holders? You mean key rings?"と店員に逆に聞かれた。「キーホルダー」は和製英語で，key ring が実際の英語であったわけである。『ジーニアス和英』で「キーホルダー」を見ると，「key holder とはいわない」ことがちゃんと記されている。

　あるいは，友人が英国人に Shall we go for *pudding*? と夕食後に聞かれた。プリンはあまり好きではないので，ケーキかアイスならいいよと言ったところ，相手は目を白黒させていたそうである。この謎も辞書を引くと氷解する。実は，英語の pudding の第1語義は，dessert, esp. a cooked one served hot（『コリンズ・ミニ英語辞典』）なのである。要するに，「デザート」一般のことで，しばしば熱くして出すことがわかる。念のため，COBUILD 辞書の編者のひとり，ハンストン博士にも聞いてみると，確かに，彼女の家では，幼い頃から dessert という言葉は使わず，pudding をその意味で使っていたそうである。甘くて温めて出す pudding の典型が，Christmas pudding という，一種のケーキである。

　ただし，この pudding と言う表現は実に曲者で，レストランで steak and kidney pudding と書いてあれば，ビーフと腎臓・小麦粉を使ったメイン料理の一種であるし，black pudding なら「豚の血などを詰めたソーセージ」のことである。決して，「デザート」のつもりで注文してはいけない。あやふやな時は，お店の人に確認してみよう。

※ 辞書に未収録の表現を見つけよう

　そうして生活体験をしながら英語語彙をメモしていると，英和・和英辞典には載っていない表現にもしばしば遭遇することになる。

現地の電話帳を見ると，malicious calls, unwanted / nuisance calls 対策のページがある。「いたずら・迷惑電話」のことだと推測できるが，和英辞典には，ほとんどの場合，この表現が載っていない。こうした場合は，できるだけコロケーションなどの関連表現と合わせてメモしておくと後々役立つ。たとえば，以下のようなものだ（訳は筆者による）。

> - receive / deal with nuisance calls / direct marketing calls（迷惑電話／勧誘電話を受ける／処理する）
> - nuisance-calls advisers（迷惑電話処理担当者）
> - Making malicious calls is a criminal offence（いたずら電話をかけるのは刑事犯罪である）
> - A genuine caller will speak first（(迷惑電話以外で) 本当に電話をかけてきた人ならば自分から話し始めます）
>
> （BT Phonebook より）

電話帳でもこれだけ面白い表現が見つかるわけだ。
　あるいは，演劇のスケジュール表を見ていると，同じ出し物でも，日によって signed performance と指定されているものがある。a signed article / letter ならば「署名入りの記事／手紙」だが，ここではあてはまりそうにない。係の人に聞くと，これは「手話つきの上演」のことなのである。『英和活用大辞典』の performance の項にも，このコロケーションは未収録である。
　新聞記事から情報が見つかることもある。事故や犯罪があった時には現場が「立ち入り禁止」になる。この場合，以下のように cordon (off) という表現がしばしば使われることがわかる。

> Police today cordoned off the scene.（警察は本日，現場を立ち入り禁止とした）
> （*The Daily Telegraph*）

ところが，この「立ち入り禁止」という表現を和英で引くと，Keep Out / Off Limits といった掲示表現や The area is barred などは載っているが，cordon を使った表現はまず出てこない。これもさっそくメモしておこう。
　もう一例，銀行の ATM にカードを入れると，メニューが出てくる。通例，以下のような項目がある。

pay-in / display balance / withdraw money / return card

　それぞれの意味は「入金」「残高表示」「引き出し」「カード返却」であることは，容易にわかるだろう。しかし，pay-in という見出し語がない英和辞典，そして「預金」「入金」「預け入れ」などを引いても，deposit はあるが，pay-in がヒットしない和英が多数ある。これも，意外に日常語が見落とされている例だと言えるだろう。

※ 省略表現も面白い

　DIY が do it yourself の略であるのはご存知だろう。BTW が by the way を意味するのも，頻繁に英語で電子メールのやり取りをする人はよく知っているはずである。こうした略語を手っ取り早く収集するには，現地新聞の「売り買い」コーナーや「交際求む」のページを見るといい。多数の略語が出ているから，クイズ感覚で何の略かを想像し，身近にいる現地の人に確認してみるといいだろう（そんなのに電話するつもりかと，驚かれたりするが）。こうした略語のほとんどは，ネイティブならすぐ思いつくものであり，最近では辞書にも掲載されつつある。では，ここでは，以下の大文字部分が何の略かを想像してみていただきたい。

- WLTM a friendly man
- seeking honest male with GSOH
- looking to meet sincere female for LTR
- plenty of TLC

生きた英語に接して辞書をカスタマイズせよ

まず，WLTM とは would like to meet の略で，「〜の人とお知り合いになりたい」ということである。GSOH は good sense of humour（ユーモアに富んでいること）である。LTR は，long-term relationship（長くつきあえること），TLC は tender loving care（とっても優しくしてあげること）である。

省略されるのは，どれも成句に類する表現で，ネイティブならば，ほぼ瞬時にピンと来る表現のようである。

※ 新語を見つけたら

このように，実際に生活してみると，いろいろと辞書に載っていない表現や，載っているけれども不十分だったり，誤解して記載されているものが見つかる。そうした場合は，とりあえず，身近にいるネイティブの人に意見を聞いて確認してみるといいだろう。

その上で，自分の辞書の余白や手帳にそうした情報を記しておくと，後日いろいろと役に立つ（電子辞書でもメモ機能を持つものがある）。ちなみに，こうしたメモを常に携帯すると，ネイティブと話す時のネタ作りにも事欠かない。自分の国の文化に関わることなので，多くの人は「外国人」であるわれわれに熱心に説明してくれるはずである。

また，前項でも述べたが，自分が愛用する辞書に，そうした新語が載っていない場合や，不適切な記述が見つかった場合は，編集部宛に連絡してあげることを勧めたい。通常，金銭的な報酬は見込めないが，良心的な編集部であれば感謝されるはずだ。その後，編集部で慎重な検討がなされ，指摘が適切だと判断されれば，新しい刷／版の際に，あなたの意見が辞書に盛り込まれるはずである。実際に連絡する際には，正確な引用と出典の明示を心がけるといいだろう。

第7章
[鉄則その7]

自分に合った辞書を見つけよう

7.1
辞書との相性判断

　英語辞書というと，学校での推薦辞書を購入したり，売れ筋の電子辞書に入っているものをそのまま使うことが多いと思う。なかなか，自分で辞書を選ぶということが，少ないのが現状だ。しかし，実際には，自分に合った辞書，合わない辞書が存在する。ここでは，自分に合った辞書を探すコツを見ていこう。

✻ 辞書レベルに注意しよう
　新しい辞書を購入する際，多くの人が，ワンランク上の辞書を買いたいと思うのが常である。でもちょっと待っていただきたい。必ずしも大は小を兼ねないのが辞書だからである。
　高校生以上を対象とした辞書ならば，そのレベルと語数については，大まかに次のようなことが言える。

初級辞書：収録5万語程度以下
中級辞書：収録5～8万語程度
上級辞書：収録8万語程度以上

　確かに，だいたいは上級レベルの方が語彙数は多くなるが，実際の辞書活用から言うと，この収録語数というのは副次的な特徴である。それよりも重視しなくてはいけないのは，上級辞書になればなるほど，辞書特有の記述について当然知っておいてもらいたい専門用語が多くなったり，語法等について，より詳しい説明が多くなるという点である。
　たとえば，基本動詞 blame の第1語義の記述を，4つの辞書で見てみよう。そのうちの3冊は，レベルが異なるジーニアス系辞書である。

> (1) [SVO₁ (for O₂)]〈人が〉(O₂〈事〉で [...ということで]) O₁〈人〉を(事実に基づいて)非難する, とがめる, 責める (...) They ~ d her for having left there. そこを離れたことで彼らは彼女を責めた　　　　　　　　　　　　　　　(『ジーニアス英和辞典』)
> (2) [blame A (for B)]〈人が〉B〈事〉で [...ということで] A〈人〉を非難する, とがめる, 責める (...) They blamed her for writing that letter. その手紙を書いたことで彼らは彼女を責めた　　　　　　　　　　　　　　　(『プラクティカルジーニアス英和辞典』)
> (3) [blame A (for B)] B〈事〉で A〈人〉を非難する, とがめる, 責める (...) They blamed her for having left there. そこを離れたことで彼らは彼女を責めた (『ベーシックジーニアス英和辞典』)
> (4) [blame A for B = blame B on A] B (事故など) を A (人) の責任 [せい] にする　The policeman blamed the taxi driver for the accident. = The policeman blamed the accident on the taxi driver. 警官はその事故の責任はそのタクシーの運転手にあると言った　　　　　　　　　　　　　　　(『エースクラウン英和辞典』)

　ここでは, (1)の『ジーニアス英和辞典』が上級レベルであるが, 特徴として動詞型表示にSVOといった文法ラベルを使っていることがわかる。Sは「主語」, Vは「(述語)動詞」, Oは「目的語」を表し, 別の動詞ではC「補語」といったラベルも使われる。すると, たとえばOとCの区別がはっきりしないユーザーにとっては, これはちょっとわかりにくい表記であると言える。語義説明も, 主語や目的語への注記（これを［選択制限］と呼ぶ）が入り込み, 人によっては, すっと頭に入らないかもしれない。

　その点, 中級レベルである(2)の『プラクティカルジーニアス英和辞典』や, 初級レベルである(3)(4)の『ベーシックジーニアス英和辞典』『エースクラウン英和辞典』では, SVOといった抽象度の高い表記をやめ, blame A for Bのような, ABという代用語を用いてわか

りやすく表記しているのがわかる。

　このように，辞書との相性を，たとえば上記 blame を引くことで確認することができる。SVO といった表記について問題がなければ上級でもいいし，それに抵抗があるなら，迷わず初・中級辞書を使ってみたい。

　また，見出し語数と用例数は，必ずしも正比例するわけではない。たとえば，「口紅をつける」という表現がすぐ浮かばない人は，『エースクラウン英和辞典』にある put on lipstick という用例が重宝するだろう。しかし，これは必ずしも，上位の辞書に載っているわけではない。

　発音についても，『ジーニアス』『プラクティカルジーニアス』は発音記号だけで，カナ表記はない。『ベーシックジーニアス』『エースクラウン』にはある。たとえば，pleasant /プレズント/（『ベーシックジーニアス』）のような表記である。

　このように，高いレベルの辞書を使うと語義や語法説明などは詳しくなるが，必ずしもそこまで説明を必要としない場合もあるだろう。用例も，少し頻度の低い見出し語には，むしろ初・中級辞書の方が用例が見つかることもある。

※ 辞書との相性のクイックテスト

　そこで，上記の点を含め，店頭で辞書と自分との相性をクイックチェックする方法を4点記しておく。

(1) success を引いて，カナ発音を確認

　発音記号が苦手な人は，発音が「カナ表記」になっているものを選ぶといいだろう。success を引いて，「サクセス」のように，読みとアクセント位置をカナ表記で教えてくれるかどうかを見よう。初級辞書はそのほとんどがカナ表記を採用し，中級レベルでもカナ表記を載せているものが増えている。

(2) blame を引いて動詞型のわかりやすさを見る

上記で見たように，blame A for B のような AB 表記になっているか，SVO (for O) のような文法用語による表記になっているかを確認しよう。初・中級はほとんどが前者であるが，上級でも AB 方式を取っているものがある。

(3) umbrella と sandal を引いて用例確認

　まず基本語 umbrella を引いて，「傘をさす」(open [put up] an umbrella)，［傘をたたむ］(put down [fold] an umbrella) といった用例が載っているかどうか確認しよう。こうした基本語で載っていなければ，あまり用例を重視せず，別の面に力を入れている辞書と推測できそうだ。

　また，lipstick（口紅）を引いて，「口紅をつける」(put on lipstick) が載っているかどうかも見てみたい。載っていれば，ある程度周辺的な語彙についても，用例を載せる方針の辞書である可能性が高い。

(4) blog などの時事用語／新語を引いてチェック

　blog（ブログ）を引いて，載っていたら，それは新語に敏感で編集がかなり新しい辞書だと言えるだろう。もちろん，新しい辞書でも，方針で載せていない辞書もあるから，後は自分の使用目的との兼ね合いになる。

　こうした語を引いて，自分との相性をまず簡単にチェックしてみることを勧めたい。

7.2
新書判・文庫判英英辞典の楽しみ

　電子辞書全盛の中にあっても，新書判や文庫判サイズで手ごろな値段で買える英英辞典がたくさん出ている。こうした英英辞典は意外に重宝する。本項ではそのコツを伝授しよう。

※ 思わず買ってしまうペーパーバック新書判辞書

　洋書を置いている本屋ならば，ペーパーバックの小説類と並んで，新書判英英辞典も置いてあるのを見かけたことがあるだろう。ただし，新書判といっても，日本の典型的な新書と比べると，だいたいはずっと分厚く，数冊分の厚みがある。筆者が所蔵する新書判英英辞典で，厚さナンバーワンは *Merriam-Webster's Dictionary and Thesaurus* で，何と5.5センチもある。これは普通辞書と同義語辞典が一緒になったものだが，ハンバーガーも顔負けの厚さである。ただし，こうした外国の新書判辞書は，ページ数が多いのではなく，どの辞書も日本の辞書よりもずっと安価な紙を使っているので，分厚くなっている。よって，耐久性もあまりなく，すぐ変色してしまうが，それはそれで味があるものである。

　さて，このサイズの辞書は，ほとんどが千円台で買えるので，手持ちの電子辞書に入っている英英辞典がちょっと難しくて使いにくいと感じている人にもお勧めである。ただし，その場合は，このサイズでもいくつか出ている，外国人向け辞書をお勧めする。書名や宣伝文句に Learner(s) とあるものは，だいたい外国人学習者向けと考えていいだろう。たとえば，以下の辞書は，新書判，あるいはさらに小さい文庫判の外国人向け英英辞典である。

Oxford Learner's Pocket Dictionary

Random House Webster's English Learner's Dictionary
Longman Pocket English Dictionary
Longman Handy Learner's Dictionary of American English

※ 知っている単語の定義を観察する

　電子辞書とは違って，こうしたペーパーバック辞書は，使い捨て感覚で，常に持参し，気軽に「汚しながら」使っていこう。つまり，マーカーで色をつけたり，どしどし書き込みをして「マイ辞書」にするわけである。

　こうした辞書を常時携帯し，英英初心者ならば知っている単語や学習したばかりの単語を引いてみよう。中・上級者は，それに加えて，英文で遭遇した，知らない単語を引いてみたい。

　たとえば，英和辞典ならまず引かない「バレーボール」なども，英英辞典ならいろいろと学ぶことがある。

> **volleyball**: team game played by hitting a large ball across a net with the hands　　　　　　　　　　　　　　　(*Longman Handy Learner's*)

　バレーボールなら中身を知っているので，その英英定義もすらすら読めるはず。確かに，team game →「団体競技」，hit a ball across a net →「ネット越しにボールを打つ」といった表現は，意味はすぐわかるが，この日本語から英語にしようとすると，意外にてこずることに気づくだろう。さらに，この定義内容がわかると，それは同じ球技であるテニスを英語で説明する場合にも，すぐ応用できるという特典がある。「団体競技」を「個人競技」あるいは単なる「競技」にし，「手で（打つ）」の部分を「ラケットで」にして，以下のようにしたらいいだろう。

　tennis: game played by hitting a ball across a net with a racket

　では，実際の英英辞典定義も確認してみよう。

> **tennis**: game played by hitting a ball over a net with a racket
>
> （*Longman Handy Learner's*）

　何と，その通りである。でも，よく見ると「ネットを越えて（打つ）」の部分は across a net ではなく，over a net になっている。どうも，どちらでもいいようである。そこまでわかれば十分収穫であるが，さらに，across / over の違いを知りたければ，付箋をつけておいて，後で辞書で調べてみたい。機能的・文法的な説明は，英和辞典を見ればいいであろう。

　たとえば，『ロングマン英和辞典』はこの点について，「平面的なものについては across と over は入れ替え可能だが，高さのあるものについては across は用いない」と説明し，She jumped over ($^{×}$across) the wall.（彼女は壁を飛び越えた）という例文を載せている。ということで，どうもテニスやバレーボールのネットの高さならば，across / over どちらでも使えそうだとわかる。

※ 本当はこちらが楽しみな「おまけ」検索

　さらにお勧めなのは，せっかくの気軽な小さい辞書であるから，引いた見出し語の前後左右を眺めて，「面白そう」な単語がないか探して，たっぷり寄り道してみたい。

　たとえば，greenhouse effect（温室効果）を引いた人は，そのちょっと前に green fingers なんて見出しがあるのに気づくかもしれない。

> **green fingers**: an unusual ability to make plants grow
>
> （*Penguin Pocket English Dictionary*）

　どうも植物の育て方が並外れてうまい人の能力をこう呼ぶようだとわかる。実際，よく She has green fingers. のように使われるようだ。これは主としてイギリスで使われる表現で，アメリカでは have a green thumb と言う。日本の花屋さんでも，Green Fingers をショップ名にしているところが結構あるが，こういう理由なのである。

　おや，ちょっと待っていただきたい。その近くに「緑目の怪物」（green-eyed monster）なんていう見出し語もある。これは何だろう。

> **green-eyed monster**: jealousy　　　　　　　　（*Microsoft Encarta Dictionary*）

　え，それって jealousy（嫉妬）のことなの？　でも，どうして？　残念ながら，そのいわれまでは書いていないので，とりあえず，付箋だけ貼っておいて，後で大きな辞書や web で調べてみよう。

　すると，これはシェイクスピアの『オセロ』に出てくる表現で，嫉妬のことを緑の怪物にたとえる場面から来ていることがわかる。英語では，このように，緑は嫉妬の連想語となっており，『ジーニアス英和辞典』にも，be green with jealousy（(顔色が青くなるほど)嫉妬している）という成句が載っている。

　では，次に kiss の項目を見ていたら，その次の見出しが kiss of death となっている。これは何だ？

> **kiss of death**: something that makes failure certain
> 　　　　　　　　　　　　　　　　　　　（*Longman Handy Learner's*）

「失敗を確実にするもの」という意味のようである。確かに，英語では That actor was the *kiss of death* for every movie he was in. のように，A is the kiss of death for B のような型で使うようである。これが人ならば，日本語で「疫病神」に相当すると言えよう。ならば，先ほどの英語は「あの役者は，出演する全ての映画で疫病神だった」となる。

　なお，このすぐ後には，kiss of life があるが，こちらは何だろう？

256　第7章［鉄則その7］

> **kiss of life**: method of preventing death of a person by breathing into his / her mouth　　　　　　　　　　　（*Longman Handy Learner's*）

「息を吹き込んで，死にそうな人を助ける方法」だから…そう，「人工呼吸」であろう。これは get the kiss of life from A（A に人工呼吸をしてもらって助かる）のように用いる表現である。

✳ 小さいから見通しが良好

　このように，新書判や文庫判英英辞典は，語数も限られており，紙面が小さいので，その分，大きい辞書よりも見通しがよくなっている。

　また，電子辞書よりは多少かさばるものの，軽くて，どこにでも持っていけて，何よりも自由に書き込みができる自由がある。

　上で挙げたような面白い表現に出会ったならば，マーカーで色をつけておきたい。さらに，読書やリスニングで例文も入手できたら，ぜひ，余白に書き込んでおくといいだろう。思わぬ発見の場となるだけではなく，実は発信力の強化にも役立つ。

7.3
日本生まれの英英辞典がある

　外国人向け学習英英辞典は、現在でこそ多数のブランドが揃っているが、最も歴史があり、最も部数が出ているのが *Oxford Advanced Learner's Dictionary* である。この辞書の誕生は、意外なことに日本に源がある。そしてその進化にも注目だ。

✤ 日本で生まれた世界の辞書
　世界で最も売れている学習英英辞典が *Oxford Advanced Learner's Dictionary*（OALD）である。学習辞典そしてイギリス辞書の代表格と言えよう。ところが、実はこの辞書はもともとは日本で生まれた辞書なのである。

　この辞書の前身は、*Idiomatic and Syntactic English Dictionary* と呼ばれ、1942年（昭和17年）に開拓社から出版された。3人の編者がいるが、中心となったのは Albert Sidney Hornby という人物である。このA.S.ホーンビーは、ロンドン大学のユニバーシティカレッジで英文学を専攻するが、大学卒業後、1923年に九州の大分高等商業学校（現・大分大学）からの招聘を受け、日本で奉職する。

　しかし、日本人同僚の指導下で、シェイクスピアをはじめとする英文学をある程度読みこなす日本人学生が、いったん口を開いて意思疎通をしようとすると、Where went you yesterday? などと話しかけてくるのに驚いてしまう。そうしたことを毎日のように経験した結果、彼は、英文学は同僚に任せ、自分は日本人の英語発信能力育成に身を捧げようと一大決心をする。その実践の最大の成果が、世界初の学習英英辞典として結実する。

　今でこそ、学習辞典の基本中の基本である動詞型の表示、名詞の可算／不可算表示、多数の例文収録といった特徴は、実はこの辞書

から始まったのである。

　しかし,皮肉にも, *Idiomatic and Syntactic English Dictionary* が出版されたのは,日本が真珠湾攻撃と共に米英に宣戦布告した1941年の翌年となり,ホーンビー自身は,その頃,完成本を見ることなくすでに帰国していた。

　しかし,この辞書の重要性をいち早く認識したのがオックスフォード大学出版で,同社は,1948年に,このホーンビーの辞書をそのまま写真版にし, *A Learner's Dictionary of Current English* と改称して世界に向けて出版する(7版と8版に,初版の1ページが引用されている)。同辞書は,予想をはるかに超えて,ヨーロッパ,アフリカ,そしてラテンアメリカで熱烈に支持される。

　その後, *The Advanced Learner's Dictionary of Current English* (1952年,初版の途中で改称), *Oxford Advanced Learner's Dictionary of Current English* (第3版,1974年)と名を変え,版を重ねている。累計で3000万部以上を売り尽くしたと言われ,文字通り,英英辞典のベストセラーとなっている。

　新版の編集主幹は次々と代わっているが,1978年に没したホーンビーの名前も,依然として辞書の扉に刻まれている。

※ 最新版の特徴を概観

　このように,外国人向け英英学習辞典の原点でありながら,その後も確実に新機能を追加して進化し,常に学習辞典のありようを提案しているのは注目に値する。本書執筆時での最新版は第8版であるが,それがどういう特徴を有しているかを見ることで,現在の最先端の辞書編纂の姿を明らかにしよう。

　本辞書は,印刷辞書本体のみと,書籍に電子辞書を含むDVD-ROMがついた版とがある。また,本辞書がインターネットで引けるwebサイトもある(無料で使用可)。

　第8版は項目数18万4500となっており,外国人向け学習英英辞典として最大級のものである。全ページがカラー化されているが,特

に，巻末には，ライティング作法や文法説明に加えて，64ページのカラー写真・イラストのビジュアルページが収録されている。これは，キッチンやリビングにある事物の名称などとともに，the environment（環境）として，global warming（地球温暖化）や acid rain（酸性雨）といった問題を説明つきのイラストで示したページもある。空港のページでは，旅客機の各部の名称（wing（翼）や hold（貨物室）など）に加えて，チェックインに関わる一連の動作の説明も加えられており，いろいろな名称がそのコロケーションと共に示される。

At the airport
- An airport building where journeys begin and end is a **terminal**. You go to the **check-in-desk** and say you have arrived（check in）.
- You check in the **baggage**（*especially NAmE*）that will go into the **hold**（= the part of the plane where goods are stored）but you carry your **hand luggage**（*especially BrE*）/ carry-on *baggage*（*especially NAmE*）with you onto the plane.（.....）

（*Oxford Advanced Learner's Dictionary*）

これは，特定の場所における一連の行為を，ビデオ再生するように提示しながら関連語彙を導入する手法である。学習者は，自分の背景知識（＝スキーマ）を活性化しながらその内容を追えるので，状況をほぼ的確に想像しながら新語彙を確認することができる。

※ 語義と語義説明

語義については，統制定義語彙として3000語が使われている。これは Oxford 3000 と呼ばれ，英英定義の中に，さらに難しい語彙が含まれないよう，その3000語の範囲で定義をするための語彙である。こうした語彙選択は，コーパスから得られた高頻度語に加えて，独自の判断で選ばれており，その単語や総数は各社によって若干の

ばらつきがあるものの,統制語彙の考え方自体は一般化していると言える。

定義方法は,従来通り,COBUILD 辞書のような全面的な文定義ではなく,伝統的な説明方法である。ただし,一部であるが,特定のコロケーションで使われるような場合には,文定義が使われている箇所もある。たとえば,同じ名詞句でも,jet lag (時差ぼけ) は名詞句で定義され,lip service (リップサービス) は文定義になっている。

> **jet lag**: the feeling of being tired and slightly confused after a long plane journey (...)
> **lip service**: if sb pays lip service to sth, they say that they approve of it or support it, without proving their support by what they actually do (＊定義自体に pay lip service to A が入っている点に注目;sb, sth はそれぞれ somebody, something の略)　　　　　　　　　　(*OALD*)

学習辞典として,類語情報も充実しており,たとえば,disabled / handicapped の類語欄では,今日では差別的と考えられる *handicapped* people よりも *disabled* people を使った方がいいことなどが説明されている。

※ パソコン用ソフトも利用可能

本辞書には,書籍のみに加えて,DVD がついてくる版も用意されている (DVD のみでは購入できない)。これは,辞書本体にプラスアルファの機能を持たせたもので,英米の辞書では主要なものはほぼこのスタイルであるが,日本ではまだまだ立ち遅れており,一部の辞書が別売りで電子版を用意していることが多い。パソコン上でも使い慣れた辞書を使いたい場合には非常に便利なものであり,ぜひ日本でも普及することを願いたい。

本 DVD (次ページ参照) は,印刷辞書の内容が入っているのはもちろん,定義に含まれる言葉を検索したり,成句や品詞で限定した

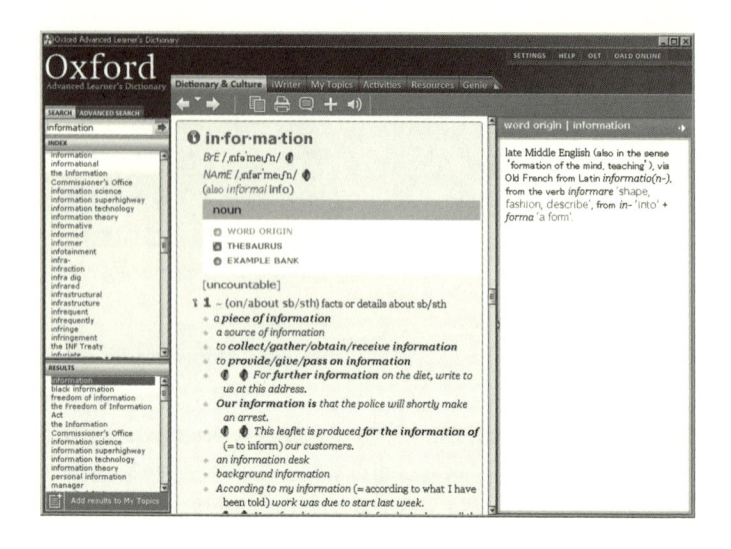

りといった，デジタルならではの検索がサポートされている。また，検索語に関して，同義語や書籍版にはない用例なども提示させることができる。

　さらには，iWriter と呼ばれる英作文支援をする機能もあり，比較や主張をする際の型（テンプレート）を示しながら，学習者がそこに書き込むことで，的確な構成の英作文ができる仕掛けになっている。

　また，*OALD* Online と呼ばれる，無料検索サイトも用意されており，辞書がインストールされていない環境でも，*OALD* を無料で検索できるようになっている。こうした点も，日本の辞書よりも一歩進んだサービスと言えよう。

　このように，常に学習辞典の進化形を見せてくれるのが *OALD* である。

7.4
COBUILDはどういう辞書なのか

　COBUILD辞書の生みの親，ジョン・シンクレア氏が亡くなってから久しい。ここでは，氏を偲びながら，彼が辞書界に残したCOBUILD辞書の足跡を振り返りたいと思う。

※ メーリングリストを駆け巡った訃報

　2007年3月，COBUILD辞書の生みの親であり，コーパス言語学のパイオニアでもあるジョン・シンクレア（John Sinclair）氏の訃報が，関連メーリングリストを駆け巡った。引退前，彼が長らく勤めたイギリスのバーミンガム大学は，おりしも最終学期の最中で，各種授業でその訃報が伝えられた。2006年8月には，複数学会の招きで来日講演を果たしたばかりだった。

　シンクレア氏は，1933年生まれで享年73才。主たる経歴のほとんどを英国バーミンガム大学の現代英語コースの教員として過ごしている。1960年代末から，人文分野では，まだほとんどの人が見たことも触ったこともない，コンピュータを活用した言語研究に積極的に取り組み，語彙および談話分析におけるコーパス研究の先駆者となる。

　彼のビジョンはこうした大学での研究にとどまらず，同大学と出版社コリンズ社との共同研究の成果であるCOBUILD辞書と関連教材へと結実していった。

　大学引退後は，再婚した，元教え子の奥様の郷里であるイタリアに移住する。彼の知的活動は引退後も止まることなく，同国のトスカーナ地方にて非営利団体トスカーナ言語研究所（Tuscan Word Centre）を設立して所長となり，コーパスを用いた言語研究の普及に尽くしていたところだった。

※ COBUILD 辞書前夜

シンクレアという名前を一気に世界に知らしめたのは，何といっても革命的辞書と言われる COBUILD 辞書の登場によってだろう。

その始まりが，イングランド中西部にあるバーミンガムである。1970年代以前は，まだまだ工場中心の労働者の町であり，その鬱積した感情のはけ口として，ハードロックやヘビーメタルの祖となるレッド・ツェッペリン，ブラック・サバス，ジューダス・プリーストといったバンドが生まれた場所だった。

そうした70年代も終わりになる頃，バーミンガム大学人文学部において，一風変わった学部授業が展開されていた。当時は個人の手に触れることはまずなかったコンピュータにテキストを入力し，そこから単語の頻度や語彙検索といった種々の分析を加えることを実演してみせるものだった。

この授業担当教員こそ，若き日のジョン・シンクレア氏だった。彼は「コーパス言語学」といった言葉すら存在しない時代に，手入力とキーボード入力によって600万語を入力するという作業を60年代後半に実施していたのである。

しかし当時，そんなことに興味を持つ人文学生はほとんどおらず，1978年のクラスもごくわずかの受講生相手にひっそりと授業が行われていた。しかし，その中に，傑出した2人の人物が含まれていた。ひとりは，そのテキスト処理に興味を持った同大学の若い大学教員で，聴講生として授業に出席していた。彼の名はディビッド・ロッジ。後に，ベストセラー作家となる人物である。彼の小説『小さな世界』には，このシンクレア氏のコースを想起させるエピソードが出てくる。そこでは，コンピュータ・センターの職員である「ジョッシュ・コリンズ」なる人物が，「イライザ」と呼ばれる人工知能プログラムを操り，いろいろな騒動を引き起こすというものである。

そして，もう1人がジェレミ・クリアという名の学生だった。彼は英文科の学生ながら，こうしたコンピュータを使ったプログラム処理に突出した才能を発揮する。

彼は同大学の修士号を取得し博士課程に進学予定だったが，シンクレア氏が彼を自分のプロジェクトに引き込んだ。その後，クリア氏は，彼の右腕としてその手腕を発揮していくことになる。

❋ COBUILD プロジェクト始動

1980年，バーミンガム大学と出版社コリンズは，共同でコーパス構築を中心としたプロジェクトを発足させた。600万語のコーパスを構築すること，そしてそれを語彙研究に使う一方，辞書，コースブックといった，商業ベースでも多数の成果をあげることを目的としていた。

このプロジェクトのコンピュータ担当技師として，自分のクラスで突出した才能を発揮したクリア氏をシンクレア氏は採用したのである。その他のメンバーも，辞書学・文法論・音声学の分野で，後に大きな名声を馳せる人物が揃っており，今考えると，文字通りドリーム・チームだった。この人選においても，あらためて，シンクレア氏の卓見が感じられる。

プロジェクト名は COBUILD で，これもシンクレア氏が命名している。当初は，<u>C</u>ollins <u>B</u>irmingam <u>U</u>niversity <u>I</u>nternational <u>L</u>earner's <u>D</u>ictionary の略としていたが，成果が辞書に限らないことから，最後の部分を <u>L</u>anguage <u>D</u>atabase と訂正して最終案となった。

シンクレア氏は COBUILD ロゴまで自分で作っており，それは COBUILD の各アルファベットをクレーン車が運んでいるというものだった。「これじゃあ，建設会社と間違われる」と，このアイデアはプロジェクトチーム内では不評で，結局，クレーン車の入ったロゴはボツとなり，COBUILD の名称だけが残った。プロジェクトは当初大学の1室で始まったが，その後，学外にオフィスを持つまでに成長していく。

❋ COBUILD 辞書の発刊

2000万語のコーパスに基づいた，最初のプロジェクト成果である

Collins COBUILD English Language Dictionary が1987年に出版された。全世界で,「コーパス」という言葉が劇的に普及していくのも,この出版が契機となったと言っていいだろう。

これにより,それまでは辞書編集者が頭の中で考えて作り出すのが普通であった用例を,全て実例から採用するという方針が採られた。また,語と語のつながりを示すコロケーションも,最も頻度が高いものをコーパスから抽出し,それを同辞書に採用した。語義についても,最も頻度の高い語義が一番最初に来るように改められ,すでに使われない語義を大幅に排除した。

さらに,大きな特徴は,世界で初めて,定義を完全文でのみ提示した点である。たとえば,動詞 gallop の定義は次のように示されている。

---

gallop: When a horse **gallops**, it runs very fast so that all four legs are off the ground at the same time in each stride.

(*Collins COBUILD English Language Dictionary*)

この一見用例にも見える文が,完全文による定義である。2つの節からできており,when 節では,見出し語の使い方を示し,主節では,その意味を when 節に対応させる形で提示している。

When a horse **gallops**, ←被定義部:when 節により,見出し語 gallop の用法(何が主語に来るか,目的語を取るのかなど)を文の形で提示

+

it runs very fast so that all four legs are off the ground at the same time in each stride. ←定義部:when 節の内容を言い換えたもの;これが定義になっている。

これにより,たとえば,動詞 gallop の主語には,人ではなく「馬」

（a horse）が来ることが一目瞭然である。また，gallop の右側に名詞が来ていないことから，これが「自動詞」であることもわかる。そして，その主語を含めた全体の意味が主節で示されているわけである（「4つの足が全て地面から離れるように速く走る」）。これはちょうど，英語圏の母親・父親が幼少の子どもに言葉を教えるのに近い形で，各種文法情報（主語・目的語選択制限，自動詞・他動詞，他）をも専門語を使わずに平易に組み込める形になっている。

　こうした画期的特徴とその有用性が確認されるにつれ，COBUILD辞書はそのブランド名を確立するだけではなく，辞書編集そのものについて，世界的な変革をもたらしていくのだった。

❈ 辞書史に残る COBUILD 辞書

　私が初めて英国に渡ったのも，この革命的な辞書を作った人たちにぜひ会いたいと言う強い思いからだった。その後，シンクレア氏の授業や講演を実際に聞かせてもらった多くの人間のひとりとなった。シンクレア氏は，気難しい学者というより，ジョークを愛する，おちゃめな老紳士というのが私の印象である。

　彼の残したCOBUILD辞書のコーパス・アプローチ，そして文定義は，今や私にとっては宝とも言える。いろいろな辞書を活用するが，COBUILDは，引くと必ず新しい知見を与えてくれる英英辞典である。癖はある。しかし，ぜひ一度その辞書理念に触れてほしいと願っている。

7.5
英語支配と辞書の将来

　英語は，事実上の世界共通語となっている。そうした時代に，我々はどういう英語を学ぶべきだろうか。そして，英語辞書はどうあるべきなのだろうか。

※ インターネットに見る標準言語
　各種調査では，インターネット上における言語の約8割は英語と言われている。その反面，インターネットユーザーの約4割はアジアの国民と言われ，他の非英語圏の人々と共に，さらに増加することが見込まれている。

　これはいったい何を意味しているかというと，今後，発展途上国でのネットワーク環境が整備され，その教育が進むにつれ，ますます英語圏以外の人たちがインターネットに参加するということである。こうして，英語は多数の非英語圏の人たちが使う「地球村の共通語」としての性格をより帯びることになるだろう。

※ 英語支配の功罪
　人工的に創られた国際補助語エスペラント語などとは違い，実存する言語が共通語として使われることには利点がある。それは，すでに母語として使うユーザーが多数いるため，そうした人々や既存の教材から，比較的容易に学習を進めることができる点である。

　反面，英語のように，文化と切り離せない特定の言語が共通語となることで，問題も生じてくる。それは，英語が共通語になることで，アメリカ人やイギリス人は，国際的な競争においては，生まれながらにして「シード選手」になったようなものであり，英語に近いヨーロッパ言語の人たちも有利な状況に置かれることを意味する。

逆に，英語から遠い言語の人たちには，さまざまな不平等が生じている。この点について，津田幸男氏は著書『グローバル・コミュニケーション論』(ナカニシヤ出版，2002年)において，英語支配が生み出す5つの不平等を指摘している。

　その第1は「言語上の不平等」であり，これは英語圏の人たちが言語使用の中心に置かれ，非英語圏の人たちが疎外されることを意味している。

　2つ目は，「教育的不平等」であり，これは非英語圏の人たちが膨大な時間とエネルギーを英語学習に費やさねばならないのに対して，英語圏の人たちは，その分を別の教育的作業に費やすことができるということである。

　3つ目は，「心理的不平等」で，非英語圏の人たちは，母語ではない英語を駆使せねばならないことで，常に文法や発音の間違いを恐れ，心理的不安に陥ることを指している。逆に，英語圏の人たちは，そうした心配がなく，そのために議論の内容そのものについても優位に立てる場面が多くなる。

　4つ目は，「社会的不平等」である。これは，英語が共通語になることで，英語圏の社会生活スタイルや志向そのものが規範となり，そうしたものを上位に置く傾向が見られるということである。

　5つ目が「政治的不平等」であり，各種国際会議において英語が共通語になると，英語圏の国々が会議の主導権を握りやすいという点を指している。

　津田氏の意見は，大枠としては，英語支配の問題点を的確に指摘していると言えるだろう。

※「英語を知る」には英米文学？

　実際に，日本において「英語を学ぶこと」が「英米文学を学ぶこと」とほぼ同義であった時代があった。それ以外でも，英語を知るには「キリスト教の精神を学ぶ」「ネイティブスピーカーの語法を掘り下げる」ことなどが肝要だと主張されることもしばしばある。

そうした主張に一面の真理はあるが，世界共通語としての World English を学ぶことからすると，それが全てではない。やはり，コミュニケーションの道具として英語を学ぶという姿勢が優先されるべきだろう。

考えてみていただきたい。パソコンを学ぶ人は，IBM 社のコンピュータ開発の歴史を知る必要があるだろうか？ CPU が作動する原理を前もって知っておく必要があるだろうか？ Windows パソコンがどうしてＣドライブから立ち上がるかを知っておく必要があるだろうか？ そんなことはない。文章を書く場合にはワープロソフトの，計算をする場合には表計算ソフトの基本操作をまず学ぶことが先決である。

しかしながら，多くの人にとって，パソコンなしに生計を立てられないのと同様，前述の不平等があるからと言って，英語なしで済ませることはできない。そのためには，どういうスタンスで英語を学べばいいのだろうか。そして，それを英語辞書はどのように手助けしてくれるのだろうか。

※ 各国英語，中間言語，そして辞書

英語を母語としない人たちが使う英語は，誤りが多い英語，あるいは非標準英語として扱われることが通例である。そのため，彼らの英語が「中間言語」と呼ばれることがある。ネイティブの言語レベルに達していない，「中間段階にある」という意味合いである。

学習辞典以外で，こうした中間言語を取り上げることはほとんどない。ただし，例外的に，それを一歩進めた例としては，*Encarta Dictionary* がある。この辞書では，イギリスやアメリカの方言も多数載せる一方，World English として，アジアやアフリカなど，英語が第２言語として使われている地域の言葉もある程度収録する方針を取った。たとえば，マレーシア英語として，amok（抑えが利かない）や sarong（同国の伝統衣装）が見出し語になっているのがその一例である。

ただし，掲載されているのは，あくまで英語が公用語になっている地域の英語の一部を，見出し語に入れた，ということである。

　私は，もう一歩進めて，各種中間言語の文法的特徴や語法を含めて，World English として認定してもいいのではないかと考える。具体的には，日本内外の英語辞書において，「World English」（略して W.E.）というラベルを導入して，学習者はもちろん，ネイティブにもこうした非英語圏の人たちが使う英語の特徴を知ってもらうというものである。

　こうした中間言語は，当然ながら目標語とは異なる特徴が多数あり，通常，それは「誤り」とされるが，その一部を「World English」の表現として格上げするということである。

　たとえば，英語では，I told her to do it.（彼女にそれをするように言った）とは言えるが，×I suggested her to do it.（彼女にそれをするように提案した）とは言えない。動詞の型が違うためで，後者は，I suggested (to her) that she should do it. のような型が正用法である。

　しかし，こうした誤りは，日本以外でも多く見られる共通の誤りで，加えて，コミュニケーション上は大きな問題とはならない。

　こうした場合，英和辞典であれ，ネイティブ向けの英英辞典であれ，こうした動詞型は［W.E.］として，ネイティブは使わないが，他国では多く使われることを示すことを提案する。「誤り」とはしないことで，「国際英語」の範疇では，使ってもいいことを示すわけである。これで，他国の英語使用者の心理的不安や負い目をある程度軽減することもできるだろう。

　もちろん，外国人が使う英語の全ての誤りを「W.E.」と認定するのは無理があるが，1）多くの国で誤りの頻度が多い，2）コミュニケーション上大きな支障はない，3）誤解や嫌悪感を生じさせない，といった条件つきで，こうした「国際英語」を確立していければいいのではないかと考えている。そうすると，two informations（「2つの情報」，正用法は two pieces of information）のような表現も，W.E. として国際会議で問題なく使えることになるかもしれない。

7.6 世界共通語としての英語を考える

　前項で述べた「世界共通語としての英語」については，いろいろな場所で議論が続いているトピックである。ここでは，この点についてさらに考察しながら，今後の辞書のあり方についても考えてみたい。

※ ネイティブ信仰とリンガ・フランカ

　「世界共通語」に対応する英語表現としては，lingua franca, world language, international language, universal language などがある。その国際語の筆頭となるのは英語であるのは間違いない。たとえば，インターネット上の言語は，その9割が英語であると言われており，その割合はここ数年変わっていない。

　また，「国際共通語としての英語」と言う場合，English as an international language, English as a lingua franca, Globish（global + English の造語）のような表記に加え，World English もよく使われる。これは本来，英国の旧植民地で使われるさまざまな英語を指すために使われていたが，今日では，むしろ世界各地で国際コミュニケーションのために用いられる英語を意味する。ここでは，混乱のないように，「国際語としての英語」を ELF（English as a lingua franca）と表記する。

　ELF という概念の背後にあるのは，英語はもはやアメリカ合衆国やイギリスのものではないということである。つまり，英語を学習するのは英米の文化を学ぶことと同じではないこと，そして，英語ネイティブスピーカーの英語だけを「正しい」英語として崇拝する必要はないということである。

　確かに，出版界を見ると「こんな英語では恥ずかしい」「あなたの

英語は10年遅れている」「トンデモ英語をデリート（排除）しよう」といった謳い文句が溢れている。もちろん，こうした主張には，真実も含まれている。自分の意図とは反して，使った英語が相手に不快感を与えたり，誤解を与えるようなものであれば，それはコミュニケーションのための英語にはならない。

　ただし，全ての面で，ネイティブスピーカーが使う一見規則に反するような例外的語法をお手本とし，個々の単語からは意味を推測できないようなイディオムを数知れず覚えなければいけないかというと，そんなことはない。そうした状況を目指そうとすれば，外国人，特に，日本人や韓国人のように，印欧語とはかけ離れた言語を母語とする国民は，膨大な時間を英語学習に割き，語法の誤りを恐れ，その結果，公式・非公式の議論の場面でも，心理的な負い目を感じて正当な主張ができないことにもなりかねない。

※ 国際語 ELF の姿

　では ELF はどうあるべきかと言う点について，必ずしも研究者の主張は一枚岩ではない。大きな流れで言うと，さまざまな英語の多様性を認める方向と，それとは逆に，できるだけ統一した形式での共通語を求める方向がある。

　前者の立場で言うと，たとえば，日本人をはじめ多くの外国人が，（知識は持っていても）3人称の -s を抜かして，She *speak* fast. のように言うことが観察されている。これをもって，ELF では 3 人称の -s はなくてもよしとするような立場である。

　これとは逆に，標準的な英語を文法・語彙・発音に至るまで，きっちり標準を決めようと言うのが後者の立場である。

　筆者が主張するのは，両者の折衷案で，「規則性に基づいた，ゆるやかな ELF」である。英語ネイティブスピーカーの英語には，それなりの敬意を払うものの，規則性から大きくはずれたり，文化依存の度合いが大き過ぎるような表現は，それに対応する表現を推奨するものである。

自分に合った辞書を見つけよう　273

たとえば、ある高校英語教科書には、次のような一節がある。

> Some *fish*, like this rockfish below, hide in plain sight. 下の写真のカサゴのように、よく見えるように体を隠す魚がいる。（訳は筆者）

主語の fish は、some（いくつかの）という修飾語がつき、述語動詞が hides ではなく hide になっていることからわかるように、単数形ではなく、複数形である。つまり、単複同形であり、このことは辞書にもちゃんと記されている。たとえば、『ジーニアス英和辞典』には、

(1) three fish（3匹の魚）は、同種の魚3匹でも、種類の異なる魚3匹にも使える。
(2) 特に種類が異なることを強調する場合は three fishes と言う。
(3) ただし、イギリス英語では同種の魚を指す時でも three fishes ということがある。

といった主旨の説明がある。

要するに、英語教科書は、こうした辞書・文法書・コーパス研究に基づき、ネイティブが普通に使う、頻度が高い表現を載せているわけである。

だが、英文法全体から見ると、これは特殊な語法と言わざるを得ない。たとえば、car ならば、君の家はカローラが2台だから You have two car. で、我が家はトヨタと日産だから We have two cars. になる、なんてことはない。

ならば、先ほどの fish だって、わざわざ Some fish hide ... のような特例を用いず、一般的な規則に従い、Some fishes hide ... としておく方策もあるだろう。誤解が生じる余地は皆無であり、実際、イギリス英語では使っているわけであるから、このような特殊語法よりも、別の一般規則に学習時間を割いてはどうだろうか。

このように、コーパスやネイティブの発想では、上記教科書の通

りだが,「規則性に基づいた, ゆるやかなELF」の観点からは, それ以外の選択肢もありえる, ということになる。

❈ 今後の英語辞書

こうしたELFの概念からすると, まずはわれわれが発信する英語について, 規則性にのっとったELFで発信することに誇りを持ちたい。イディオムについても, ネイティブにしかわからないような表現ならば, それを言い換えるすべを知っておく。たとえば, It's all Greek to me.(ちっともわからないよ)と言う表現は, イギリスの学校では古代ギリシャ語が必修で, みんな苦労したという歴史・文化の結果生まれたものである。この表現を学習したとしても, いざ使おうとすると日本人同胞はもちろん, 他のノンネイティブにはわからないかもしれない。ならば, I don't understand it at all. と言えばいいのである。だから, 本書でも英英辞典を使ったパラフレーズの重要性を説いたわけだ。

こうした観点から今後の英語辞書を考えると, 英米文化に依存した表現を無くすことは得策ではないが, 少なくとも文化に依存し過ぎた表現にはパラフレーズを載せるようにしたいところである。

また, 語法説明では, 例外的処理はあまりスペースを割かず, まずは一般的な規則を中心に表記する必要があるだろう。必要があれば,「ELFの観点からは〜のようになる」と注記することも必要かもしれない。

本書で紹介した辞書

・辞書については，原則として執筆時の最新版を挙げていますが，本文では旧版の記述に言及している場合があります。
・行末の [ ] 内は，本文で使用した略称。

【英和・和英辞典】

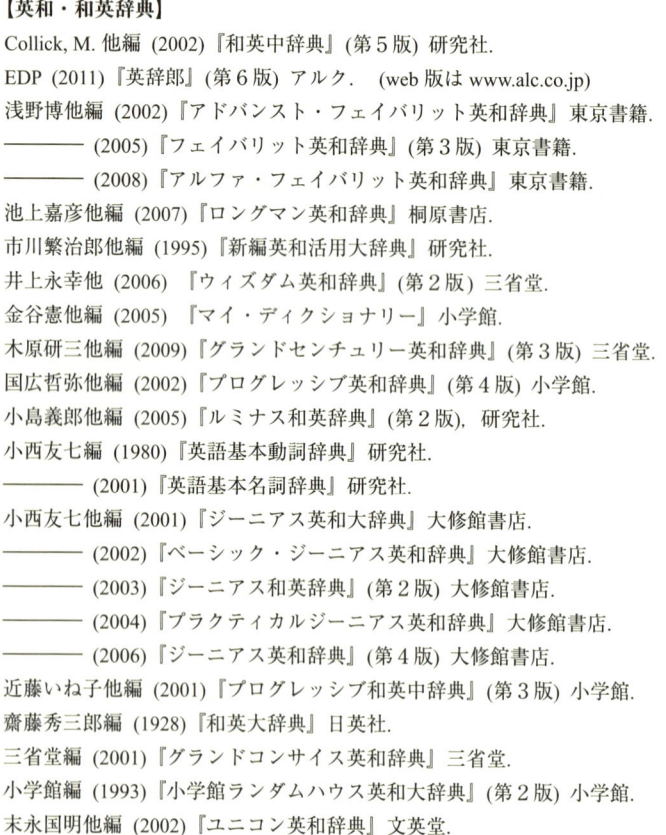

Collick, M. 他編 (2002)『和英中辞典』(第5版) 研究社.
EDP (2011)『英辞郎』(第6版) アルク．(web 版は www.alc.co.jp)
浅野博他編 (2002)『アドバンスト・フェイバリット英和辞典』東京書籍.
――――― (2005)『フェイバリット英和辞典』(第3版) 東京書籍.
――――― (2008)『アルファ・フェイバリット英和辞典』東京書籍.
池上嘉彦他編 (2007)『ロングマン英和辞典』桐原書店.
市川繁治郎他編 (1995)『新編英和活用大辞典』研究社.
井上永幸他 (2006)『ウィズダム英和辞典』(第2版) 三省堂.
金谷憲他編 (2005)『マイ・ディクショナリー』小学館.
木原研三他編 (2009)『グランドセンチュリー英和辞典』(第3版) 三省堂.
国広哲弥他編 (2002)『プログレッシブ英和辞典』(第4版) 小学館.
小島義郎他編 (2005)『ルミナス和英辞典』(第2版), 研究社.
小西友七編 (1980)『英語基本動詞辞典』研究社.
――――― (2001)『英語基本名詞辞典』研究社.
小西友七他編 (2001)『ジーニアス英和大辞典』大修館書店.
――――― (2002)『ベーシック・ジーニアス英和辞典』大修館書店.
――――― (2003)『ジーニアス和英辞典』(第2版) 大修館書店.
――――― (2004)『プラクティカルジーニアス英和辞典』大修館書店.
――――― (2006)『ジーニアス英和辞典』(第4版) 大修館書店.
近藤いね子他編 (2001)『プログレッシブ和英中辞典』(第3版) 小学館.
齋藤秀三郎 (1928)『和英大辞典』日英社.
三省堂編 (2001)『グランドコンサイス英和辞典』三省堂.
小学館編 (1993)『小学館ランダムハウス英和大辞典』(第2版) 小学館.
末永国明他編 (2002)『ユニコン英和辞典』文英堂.

竹林滋他編 (2002)『新英和大辞典』(第6版) 研究社.
─── (2003)『新英和中辞典』(第7版) 研究社.
竹林滋他編 (2005)『ルミナス英和辞典』(第2版) 研究社.
田中茂範他編 (2003)『Eゲイト英和辞典』ベネッセコーポレーション.
─── (2007)『エクスプレスEゲイト英和辞典』ベネッセコーポレーション.
投野由紀夫他編 (2008)『エースクラウン英和辞典』三省堂.
中島節 (1998)『メモリー英語語源辞典』大修館書店.
中村匡克他編 (2000)『ワードパル英和辞典』小学館.
野村恵造他編 (2005)『コアレックス英和辞典』旺文社.
花本金吾他編 (2008)『オーレックス英和辞典』旺文社.
堀内克明他編 (1999)『旺文社新英和中辞典』旺文社.
─── (2009)『ポケットプログレッシブ英和辞典』(第3版) 小学館.
松田徳一郎他編 (1994)『リーダーズ・プラス』研究社.
─── (1999)『リーダーズ英和辞典』(第2版) 研究社.
宮井捷二他編 (2008)『ビーコン英和辞典』(第2版) 三省堂.
八木克正他編 (2004)『ユースプログレッシブ英和辞典』小学館.
山岸勝榮他編 (2007)『アンカーコズミカ英和辞典』学習研究社.
─── (2009)『スーパーアンカー英和辞典』(第4版) 学習研究社.
山田和男編 (1994)『新クラウン和英辞典』(第6版) 三省堂.
渡邉敏郎他編 (2003)『新和英大辞典』(第5版) 研究社.

【英英辞典】

Allen, R. *et al.* eds. (2005) *The Penguin Pocket English Dictionary* (2nd ed.), Penguin.

American Heritage ed. (1972) *American Heritage School Dictionary*, American Heritage.

Braham, C. *et al.* eds. (1998) *Random House Webster's Basic Dictionary* of *American English*, Random House.

Bull, V. ed. (2008) *Oxford Learner's Pocket Dictionary* (4th ed.), Oxford University Press.

Bullon, S. *et al.* eds. (2006) *Longman Exams Dictionary*, Pearson Longman.

─── (2007) *Longman Advanced American Dictionary*, Pearson Longman. [*LAAD*]

─── (2009) *Longman Dictionary of Contemporary English* (5th ed.), Pearson Longman. [*LDOCE*]

Burchfield, R. *et al.* eds. (1989) *Oxford English Dictionary* (2nd ed.), Oxford University Press. [*OED*]

Cousin, P.-H. *et al.* eds. (2001) *Longman Pocket English Dictionary*, Pearson Longman.

Gadsby, A. *et al.* eds. (2000) *Longman Handy Learner's Dictionary of American English* (2nd ed.), Pearson Longman.

Gove, P. *et al.* eds. (1961) *Webster's Third New International Dictionary*, Merriam Webster.

Hanks, P. *et al.* eds. (2006) *Oxford Thesaurus of English* (2nd ed.), Oxford University Press.

Hornby, A. *et al.* eds. (1942) *Idiomatic and Syntactic English Dictionary*, Kaitakusha.

———— (2010) *Oxford Advanced Learner's Dictionary* (8th ed.), Oxford University Press. [*OALD*]

Jones, D. *et al.* eds. (2011) *Cambridge English Pronouncing Dictionary* (18th ed.), Cambridge University Press.

Maingay, S. *et al.* ed. (2010) *Longman Active Study Dictionary* (5th ed.), Pearson Longman.

Makins, M. *et al.* eds. (1999) *Collins Mini Dictionary*, Collins.

McIntosh, C. *et al.* eds. (2009) *Oxford Collocations Dictionary for Students of English* (2nd ed.), Oxford University Press.

Merriam-Webster ed. (2003) *Merriam-Webster's Collegiate Dictionary* (11th ed.), Merriam-Webster.

———— (2006) *Merriam-Webster's Dictionary and Thesaurus*, Merriam-Webster.

Murphy, M. *et al.* eds. (2008) *Longman Wordwise Dictionary* (2nd ed.), Pearson Longman.

Procter, P. *et al.* eds. (1995) *Cambridge International Dictionary of English*, Cambridge University Press.

Random House ed. (2007) *Random House Webster's English Learner's Dictionary* (2nd ed.), Random House.

Rideout, P. *et al.* eds. (2003) *Heinle's Basic Newbury House Dictionary of American English*, Henile.

Rundell, M. *et al.* eds. (2007) *Macmillan English Dictionary for Advanced Learners* (2nd ed.), Macmillan.

———— (2010) *Macmillan Collocations Dictionary*, Macmillan.

Sinclair, J. *et al*. eds. (1987) *Collins COBUILD English Language Dictionary*, Collins.
──────── (1997) *Collins COBUILD New Student's Dictionary*, HarperCollins.
──────── (2001) *Collins COBUILD English Dictionary for Advanced Learners* (3rd ed.), HarperCollins.
──────── (2006) *Collins COBUILD Advanced Learner's English Dictionary* (5th ed.), HarperCollins.
Soanes, C. *et al*. eds. (2008) *Concise Oxford English Dictionary* (11th ed.), Oxford University Press.
Soukhanov, A. *et al*. eds. (2004) *Microsoft Encarta Dictionary*, St. Martin's.
Stell, M. *et al*. eds. (2006) *Oxford Wordpower Dictionary* (3rd ed.), Oxford University Press.
Stern, K. *et al*. eds. (2006) *Longman Study Dictionary of American English*, Pearson Longman.
Summers, D. *et al*. eds. (1999) *Longman Handy Learner's Dictionary* (2nd ed.), Pearson Education.
Waters, A. *et al*. eds. (2008) *Oxford Student's Dictionary of English*, Oxford University Press.
Woodford, K. *et al*. eds. (2004) *Cambridge Learner's Dictionary*, Cambridge University Press.
──────── (2008) *Cambridge Advanced Learner's Dictionary* (3rd ed.), Cambridge University Press.

[著者紹介]

磐崎弘貞（いわさき　ひろさだ）

徳島県生まれ。筑波大学大学院教育研究科修了。現在，筑波大学人文社会科学研究科教授。著書に『英英辞典活用マニュアル』（大修館書店），『英語辞書力を鍛える』（DHC），『ドライブすればイギリスの素顔が見える』（亜紀書房），『改訂版 新学習指導要領にもとづく英語科教育法』『英語語彙指導の実践アイディア集』（共著，大修館書店）等がある。

英語辞書をフル活用する7つの鉄則

© Iwasaki Hirosada, 2011　　　　　　　　　　　　NDC830／viii, 279p／19cm

初版第1刷──2011年7月15日

著　者	磐崎弘貞
発行者	鈴木一行
発行所	株式会社　大修館書店
	〒113-8541　東京都文京区湯島2-1-1
	電話03-3868-2651（販売部）　03-3868-2293（編集部）
	振替00190-7-40504
	[出版情報] http://www.taishukan.co.jp

装丁者	中村友和（ROVARIS）
印刷所	広研印刷
製本所	司製本

ISBN 978-4-469-24563-9　　Printed in Japan

Ⓡ 本書のコピー，スキャン，デジタル化等の無断複製は著作権法上での例外を除き禁じられています。本書を代行業者等の第三者に依頼してスキャンやデジタル化することは，たとえ個人や家庭内での利用であっても著作権法上認められておりません。